Publicado originalmente na Grã-Bretanha em 2025 pela Farshore
Uma marca da HarperCollinsPublishers
1 London Bridge Street, London SE1 9GF
www.farshore.co.uk

HarperCollins*Publishers*
Macken House, 39/40 Mayor Street Upper,
Dublin 1, D01 C9W8, Ireland

Agradecimentos especiais a Sherin Kwan, Alex Wiltshire, Kelsey Ranallo, Lauren Marklund, Elin Roslund, Milo Bengtsson, Katie MacKay e Jill Benscoter.
Ilustrações adicionais por George Lee
Additional images used under licence from Shutterstock.com

Este livro é uma criação original da Farshore

ISBN 978-65-5980-191-6

1

Impresso e encadernado na Romênia

Tradução: Flora Pinheiro

Copidesque: Renan Castro

Diagramação: Julio Moreira | Equatorium Design

SEGURANÇA NA INTERNET PARA OS JOGADORES MAIS JOVENS

Usar a internet é divertido! Aqui vão algumas regras simples para ajudar os jogadores mais jovens a ficarem em segurança e manter a internet como um espaço legal para passar o tempo:

- Nunca revele seu nome verdadeiro — não o use como username.
- Nunca dê nenhuma das suas informações pessoais.
- Nunca fale para ninguém em qual escola você estuda ou sua idade.
- Não fale para ninguém qual a sua senha, a não ser seus pais ou responsáveis.
- Lembre-se de que precisa ter 13 anos ou mais para criar uma conta em muitos sites. Sempre olhe as regras do site e peça permissão a seus pais ou responsáveis antes de criar uma conta.
- Sempre conte a seus pais ou responsáveis se algo estiver te preocupando.
- Fique em segurança na internet. Os endereços de sites citados neste livro estão corretos no momento da impressão. Entretanto, a Farshore não é responsável por conteúdo hospedado por terceiros. Por favor, esteja ciente de que conteúdo on-line está sujeito a mudanças e websites podem conter informações inadequadas para crianças.

Recomendamos que as crianças sejam supervisionadas quando estiverem usando a internet.

MIX
Paper | Supporting responsible forestry
FSC™ C007454
www.fsc.org

This book contains FSC™ certified paper and other controlled sources to ensure responsible forest management.

For more information visit: www.harpercollins.co.uk/green

MINECRAFT

ALMANAQUE 2026

MOJANG STUDIOS

SUMÁRIO

LEGENDA

- MUNDO DE MINECRAFT
- DESAFIO
- ATIVIDADE
- CRIAÇÃO

OLÁ!

Tivemos mais um ano emocionante no mundo de blocos do Minecraft, e está na hora de relembrar alguns dos momentos mais especiais.

Ao longo do último ano, você teve muito a explorar com a atualização Tricky Trials e alguns lançamentos épicos, como Armored Paws, Bundles of Bravery e Garden Awakens. Juntos, vocês mineraram por mais de 85 milhões biomas, domesticaram mais de 100 milhões de lobos, colocaram mais de 300 BILHÕES de blocos e ainda ajudaram a estender o tapete vermelho para *UM FILME MINECRAFT*.

Vocês conheceram 8 novas variantes de lobos, juntaram milhões de escamas de tatu e criaram armaduras para proteger seus fiéis companheiros caninos. Dominaram a criação automatizada, acumularam pilhas de itens e construíram as bases dos sonhos, tudo isso sem lotar o inventário!

Quando quiseram um desafio, experimentaram o modo Hardcore — e muitos de vocês ousaram explorar o novo e sinistro bioma, o jardim pálido, seguindo as olhoquídias até descobrirem algo arrepiante escondido sob o musgo pálido suspenso e os carvalhos pálidos...

Vamos falar disso (e muito mais!) nas páginas deste Almanaque, então continue lendo! Seja construindo seu primeiro abrigo, domando TODOS os lobos, encarando um fedorento em um duelo de olhares ou enfrentando as câmaras de teste, há opções para todos os gostos.

Vamos lá!

Lauren Marklund
MOJANG STUDIOS

RETROSPECTIVA MINECRAFT

Uau, que ano! Foram muitos acontecimentos no mundo de Minecraft, com várias atualizações divertidas, colaborações incríveis e, claro, *UM FILME MINECRAFT*! Foi tanta coisa que vale a pena relembrar, caso você tenha perdido alguma novidade!

UM FILME MINECRAFT

Se ainda não viu esse filme, você devia estar escondido debaixo de um bloco! O que está esperando? Estrelado por Jason Momoa e Jack Black, é uma verdadeira aventura! Vire a página para saber mais!

EXPÊRIENCIA MINECRAFT

Se teve sorte, talvez tenha conseguido participar de uma aventura imersiva no Minecraft Experience. É uma experiência interativa totalmente única pelo mundo de Minecraft!

Tetris ® & © 1985~2025 Tetris Holding.

MINECRAFT TETRIS®

Será que há 2 jogos mais perfeitos juntos? Difícil! Quadrados encontram blocos nesta colaboração sensacional que vai manter você grudado na tela!

MINECRAFT BEATS

Deixe a música moldar seu mundo! Para comemorar os 15 anos de Minecraft, a Mojang se juntou à *Beats by Dre* para criar uma edição especial dos fones de ouvido Minecraft x Beats Solo 4. Essa colaboração celebra a criatividade imbatível que existe dentro de todos nós.

MINECRAFT & LUSH

Se você achou que só as cavernas eram exuberantes, fique sabendo que Minecraft e Lush se uniram para lançar uma linha de bombas de banho e sabonetes! Você vai querer encher o inventário!

PANDAS DE CHOCOLATE

A gente não te julgaria se achasse que estes pandas do Minecraft pularam para fora do jogo. Acredita que eles são feitos de chocolate?! O chef Amaury Guichon criou esta construção espetacular de chocolate para comemorar o aniversário de 15 anos do Minecraft. Hum... nós queremos um pedacinho.

NOVAS PINTURAS

Várias pinturas novas foram adicionadas ao jogo, criadas pelos artistas Kristoffer Zetterstrand e Sarah Boeving. Você já viu todas e escolheu a sua favorita?

GUIA DO FILME

CONHEÇA OS HERÓIS!

APRENDA COM A LHAMA

UM FILME MINECRAFT foi lançado este ano, e a bilheteria fez jus ao sucesso do jogo! É divertido, tem criaturas incríveis e muita ação. Provavelmente você já assistiu ao filme, mas, caso ainda não, vamos apresentar alguns dos personagens, criaturas e portais que aparecerem na telona!

O PORTAL

Quando a dupla improvável, Henry e Garrett, descobre um portal misterioso escondido numa mina, logo nota que é o caminho para um reino cheio de aventuras! O que será que vão achar desse estranho e novo Mundo Superior?

DENNIS

Steve não teria durado tanto se não tivesse Dennis, seu fiel lobo, ao lado.

STEVE

Steve não nasceu no Mundo Superior, mas isso não o impediu de se tornar uma lenda por lá! Ao lado de Dennis, ele é um verdadeiro guerreiro do cubo!

NATALIE

Natalie passa a maior parte do tempo cuidando do irmão mais novo, Henry, e torcendo pra ele não arrumar encrenca! Além disso, trabalha na fábrica de batata chips, então não tem tempo pra diversão...

ABELHA

Fique de olho nessas abelhinhas adoráveis na sua tela... elas causam um zum--zum-zum!

GARRETT

Garrett era uma lenda dos games... há muito tempo. Hoje, não é mais tão fácil e ele precisa de um pouco de sorte. Será que encontrará o que precisa no Mundo Superior ou será demais pra ele?

DAWN

No mundo real, Dawn cuida de um zoológico itinerante, então, se alguém pode ajudar a sobreviver em um mundo cheio de novas criaturas, é ela. Com mais tempo pra explorar, será que ela vai descobrir novas habilidades?

HENRY

Henry é inteligente e criativo, mas isso muitas vezes o mete em confusão. As habilidades dele são exatamente do que precisam para sobreviver – e salvar o dia! – no Mundo Superior.

OVELHA

Esta é uma das raras ovelhas cor-de-rosa que aparecem naturalmente. Encontrá-la é uma questão de sorte, e todos ficam empolgadíssimos ao ver uma!

DESAFIO DE CONSTRUÇÃO

BARRACA DE FRANGOS DO STEVE

CONSTRUA COM STEVE

Sentiu-se inspirado por *UM FILME MINECRAFT*? Nós também! Vamos colocar esta construção animal na sua vila favorita do Mundo Superior! Se a lava anda torrando suas galinhas, que tal, em vez disso, dar asas à imaginação e usar cargas de fogo? Com um puxão da alavanca, o jantar fica pronto em um instante!

DIFICULDADE: ★★★☆☆

30 min.

1

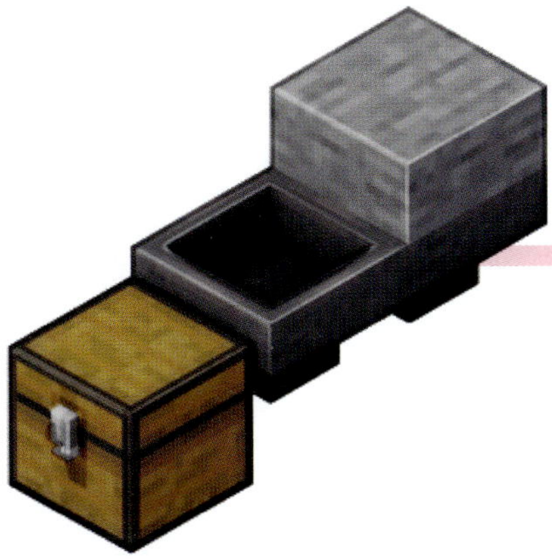

Comece colocando um baú com 2 funis conectados a ele por trás. Depois, coloque uma laje de pedra sobre o funil de trás.

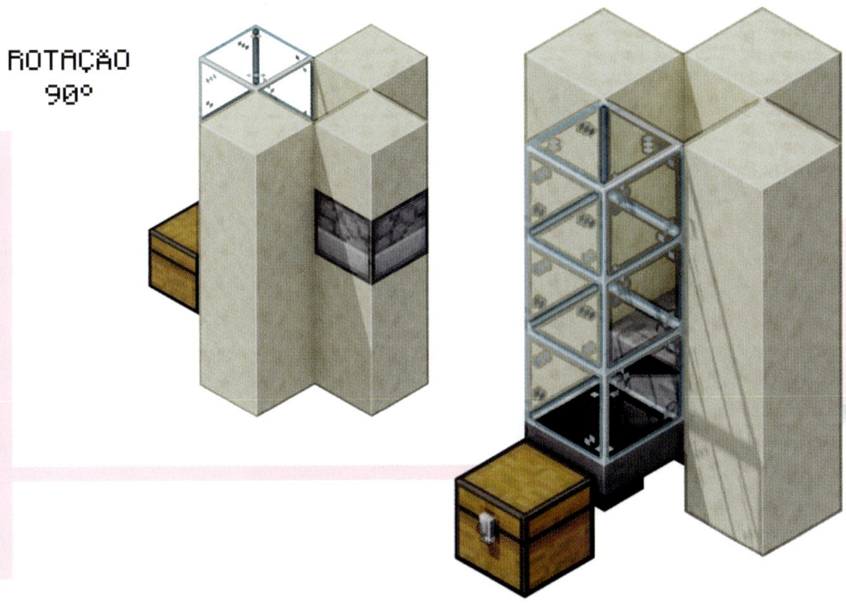

Atrás do funil, mais ao fundo, adicione 2 blocos de arenito liso e, sobre eles, um ejetor apontado para os funis. Encha-o com ovos de invocar galinha. Adicione outro bloco de arenito liso por cima e construa 2 pilares da mesma altura ao lado do funil. Coloque 3 blocos de vidro sobre o funil da frente.

2

3

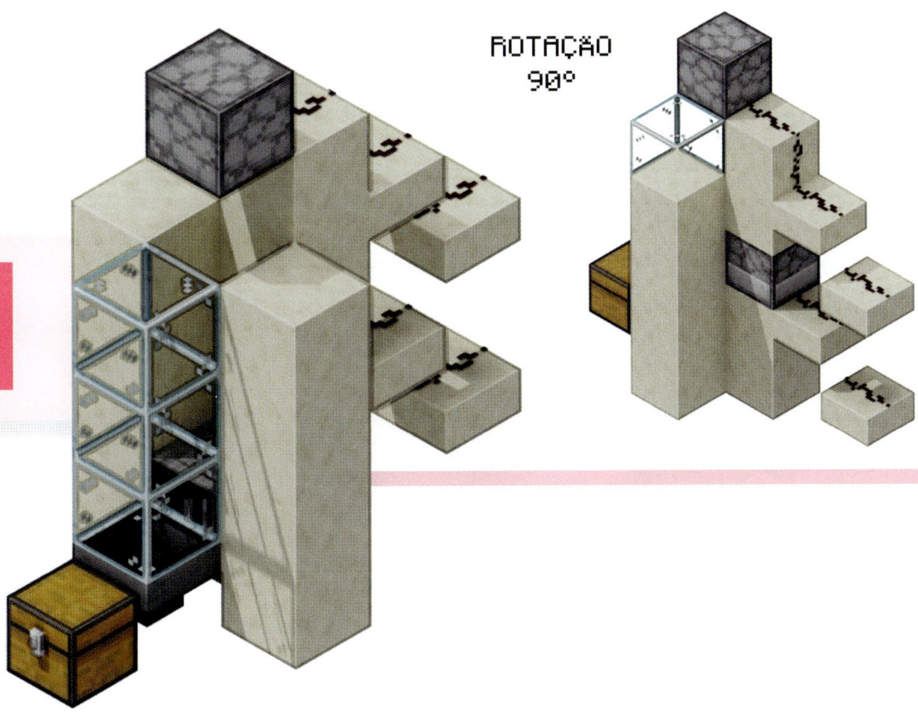

No pilar traseiro, adicione mais um bloco de arenito liso e, depois, faça uma escada com lajes do mesmo material descendo até um bloco acima do nível do chão. Coloque pó de redstone no topo de cada laje. Um bloco acima do espaço entre os blocos de arenito, adicione um ejetor voltado para baixo e encha-o com cargas de fogo para cozinhar suas galinhas.

4

Construa uma linha em zigue--zague com arenito liso saindo da base das lajes em escada até onde vai começar a lateral da sua construção. Use granito polido e escadas de carvalho de cabeça para baixo para fazer o balcão lateral da barraca de frango. Adicione um bloco de arenito liso com uma alavanca na frente. Conecte tudo com pó de redstone e use um repetidor para estender o sinal da alavanca.

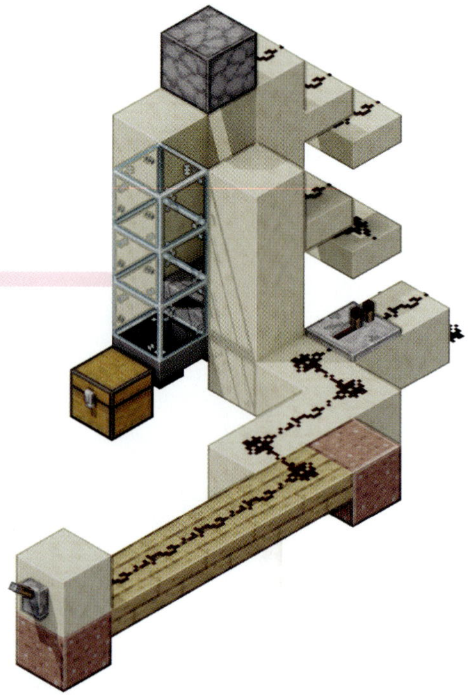

5

Agora, hora de construir sua barraca! Use mais granito polido e escadas de carvalho de cabeça para baixo para fazer as bancadas da frente e da lateral. Depois, preencha a parede de trás com arenito liso.

6

Use mais arenito liso para fazer pilares nos cantos da barraca e preencha as paredes de trás. Una os espaços entre os topos dos pilares com lã vermelha e lã branca.

Adicione um teto usando granito polido com escadas de cabeça para baixo na frente e atrás. Use blocos de vidro para construir janelas triangulares na frente e nas laterais.

Use blocos e lajes de arenito vermelho liso para começar a construir o telhado da barraca, seguindo o formato das janelas abaixo.

Nenhuma barraca de frangos estaria completa sem uma galinha no topo! Use concreto branco, preto, amarelo e vermelho para construir sua galinha e complete o resto do telhado com arenito vermelho liso. Temos pena de quem não tiver a sua!

GUIA DO FILME

AMEAÇAS HOSTIS!

APRENDA COM PIGLINS

Como se o Mundo Superior já não tivesse inimigos suficientes vagando por ele, agora sua própria existência se vê ameaçada por uma invasão arrepiante. Os piglins querem abrir um caminho de seu reino no Nether até o Mundo Superior e estão dispostos a tudo. Vamos dar uma olhada nesses piglins pútridos e em outras ameaças já conhecidas do Mundo Superior!

PORTAL DO NETHER

Se os piglins querem invadir o Mundo Superior, precisarão de um portal do Nether para chegar até lá!

GENERAL CHUNGUS

Conheça o feroz comandante dos exércitos de Malgosha. Ele usa força bruta e excelência tática para dominar e assustar todas as criaturas inocentes no caminho.

MALGOSHA

A líder implacável dos exércitos piglins, Malgosha só tem um objetivo: chegar ao Mundo Superior e explorar os recursos ao máximo!

PIGLINS

Os soldados do exército do Nether fazem todo o trabalho sujo. Embora não sejam os mais fortes, são numerosos e podem sobrepujar um inimigo.

GRANDE PORCO

É fácil saber qual dos piglins é o Grande Porco. Essa criatura gigantesca é tão forte que elimina um grupo de inimigos com um só disparo de canhão!

ZUMBI

À noite, cuidado com essas criaturas podres! Apesar de lentas, nunca devem ser subestimadas.

ESQUELETO

O improvável grupo de amigos terá que tomar cuidado com esses ossos duros de roer! Esqueletos podem não ter músculos, mas a pontaria é certeira!

CREEPER

Nunca ignore o chiado do creeper. Como Garrett e os outros logo descobrem, se essa criatura se aproximar demais, as consequências são explosivas!

DESAFIO DE CONSTRUÇÃO

BALÃO DO GHAST

CONSTRUA COM STEVE

Esse é de arrepiar! Se você quer deixar outros jogadores com medo de se aproximarem da sua base, esses balões de ar quente em forma de ghast são tão realistas que talvez até você acabe assustado! Para completar a atmosfera, prenda alguns piglins zumbis lá em cima!

DIFICULDADE: ★★☆☆☆

20 min.

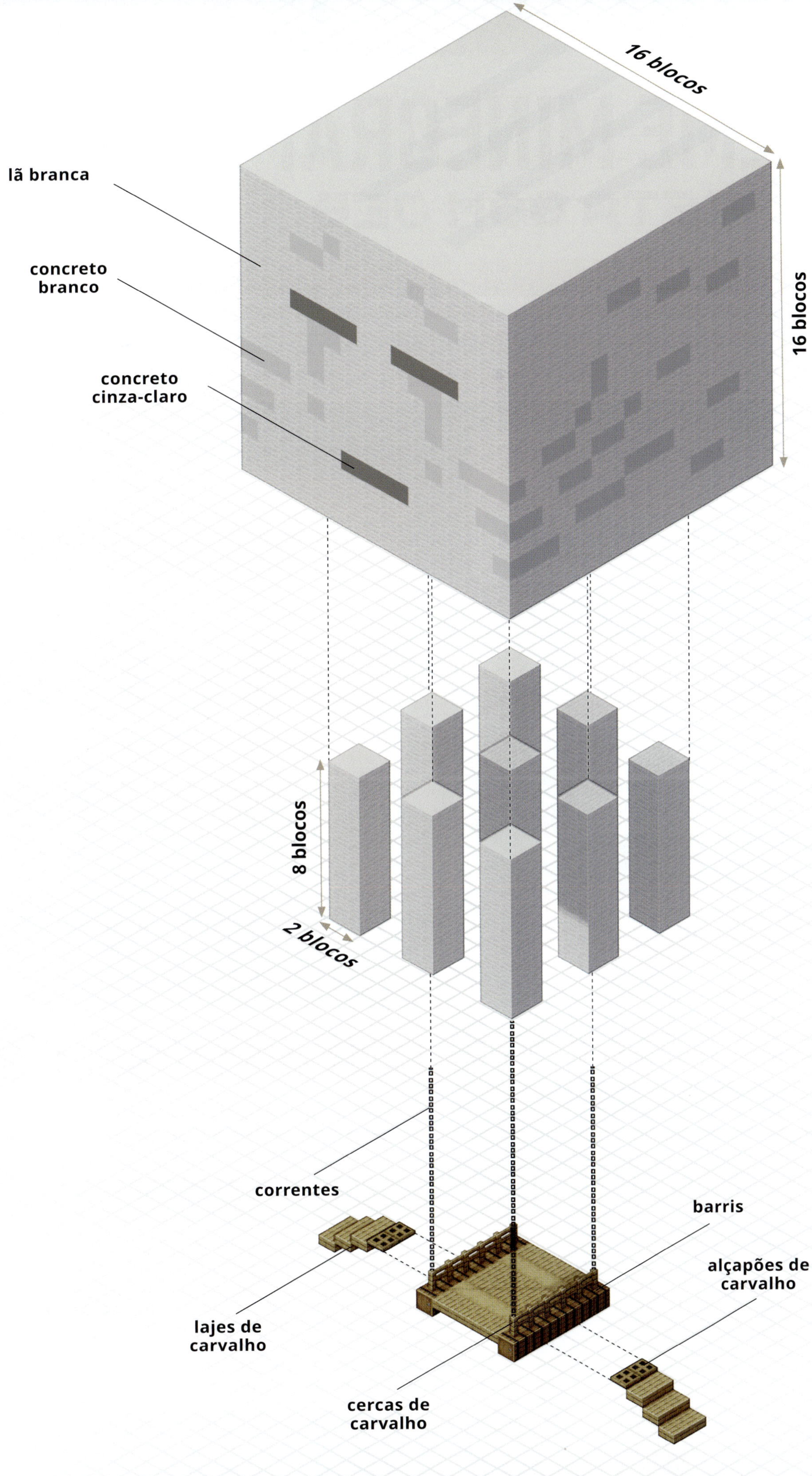

16 blocos
lã branca
concreto
branco
concreto
cinza-claro
16 blocos
8 blocos
2 blocos
correntes
barris
alçapões de
carvalho
lajes de
carvalho
cercas de
carvalho

UM FILME MINECRAFT

ENTREVISTA COM JEB

A maioria de vocês já deve conhecer Jens "Jeb" Bergensten, diretor criativo da Mojang. Ele é um dos desenvolvedores originais do jogo e trabalha nele até hoje. Então, é claro que esteve muito envolvido no processo de levar *UM FILME MINECRAFT* para as telonas. Vamos fazer algumas perguntas sobre a experiência dele no set! Atenção: a entrevista contém spoilers!

COM QUAL PERSONAGEM VOCÊ MAIS SE IDENTIFICA E POR QUÊ?

Acho que com o Steve, que quer ser criativo e fazer coisas legais no Minecraft.

QUAL SUA HISTÓRIA FAVORITA DOS BASTIDORES?

Foi maravilhoso ver o quanto todos estavam animados por fazer parte de *UM FILME MINECRAFT*. O clima era ótimo e todo mundo queria muito que o filme ficasse incrível.

QUAL É A SUA PARTE FAVORITA DO FILME?

É o final, quando Malgosha, a feiticeira piglin malvada, tenta esfaquear Steve com uma faca escondida. É engraçado porque ela claramente está mentindo e Steve não acredita.

ALGO DEU ERRADO DE UM JEITO ENGRAÇADO?

Não diria que deu errado. Mas tivemos vários "acidentes felizes", o que deixou tudo mais divertido!

QUAL FOI A COISA MAIS ENGRAÇADA QUE ACONTECEU NO SET?

Foi divertido ver as várias versões do roteiro que surgiram de improviso. Cada cena tinha diversas tomadas com diálogos diferentes, para ver qual ficava melhor ou mais engraçada.

CAÇA-PALAVRAS

PASSATEMPOS
COM DAWN

Pegue a pipoca e uma caneta, dê o play em *UM FILME MINECRAFT* e fique de olho nas pistas que vão ajudar a completar este caça-palavras épico! Consegue preencher a lista com as palavras do filme e depois encontrá-las no caça-palavras? Você vai precisar prestar atenção!

B	J	E	R	G	Y	X	V	D	X	N	W	M	P	Q
M	S	B	T	R	A	R	N	A	T	A	L	I	E	P
U	G	E	N	H	Y	D	Y	W	Z	C	X	D	O	I
N	O	E	E	J	N	K	U	N	A	B	A	P	P	C
D	H	G	R	A	N	D	E	P	O	R	C	O	S	K
O	T	N	Y	R	N	E	A	R	G	R	S	R	A	A
S	A	A	N	T	V	L	T	H	M	G	X	T	B	N
U	E	J	C	E	Y	E	K	D	S	D	J	V	P	E
P	R	S	T	B	B	G	L	Y	X	O	B	I	H	R
E	G	S	G	A	R	R	E	T	T	A	G	L	B	V
R	R	I	X	L	A	E	W	L	O	L	M	L	U	K
I	P	N	L	H	R	K	A	G	I	W	D	A	A	K
O	J	N	L	D	E	K	L	N	T	S	P	G	K	M
R	B	E	N	M	R	A	F	R	E	P	E	E	R	C
K	V	D	N	S	M	G	A	E	T	L	F	V	B	T
O	S	U	G	N	U	H	C	L	A	R	E	N	E	G

O QUE VOCÊ ENCONTROU

- G______
- D_____
- S____
- H____
- N______
- D___
- M______ V______
- O_____
- C______
- M____ S_______
- P_____
- M_______
- G______ C______
- G_____ P____

Confira as repostas na página 68

FIQUE POR DENTRO DAS NOVIDADES

ATUALIZAÇÕES COM ZURI

A Mojang mudou o jeito de lançar as atualizações do jogo. Agora, elas saem ao longo do ano, em vez de fazer uma única grande por vez. Isso significa que as atualizações chegam em intervalos regulares. Oba! Vamos ver o que há de novo no jogo, caso você esteja por fora!

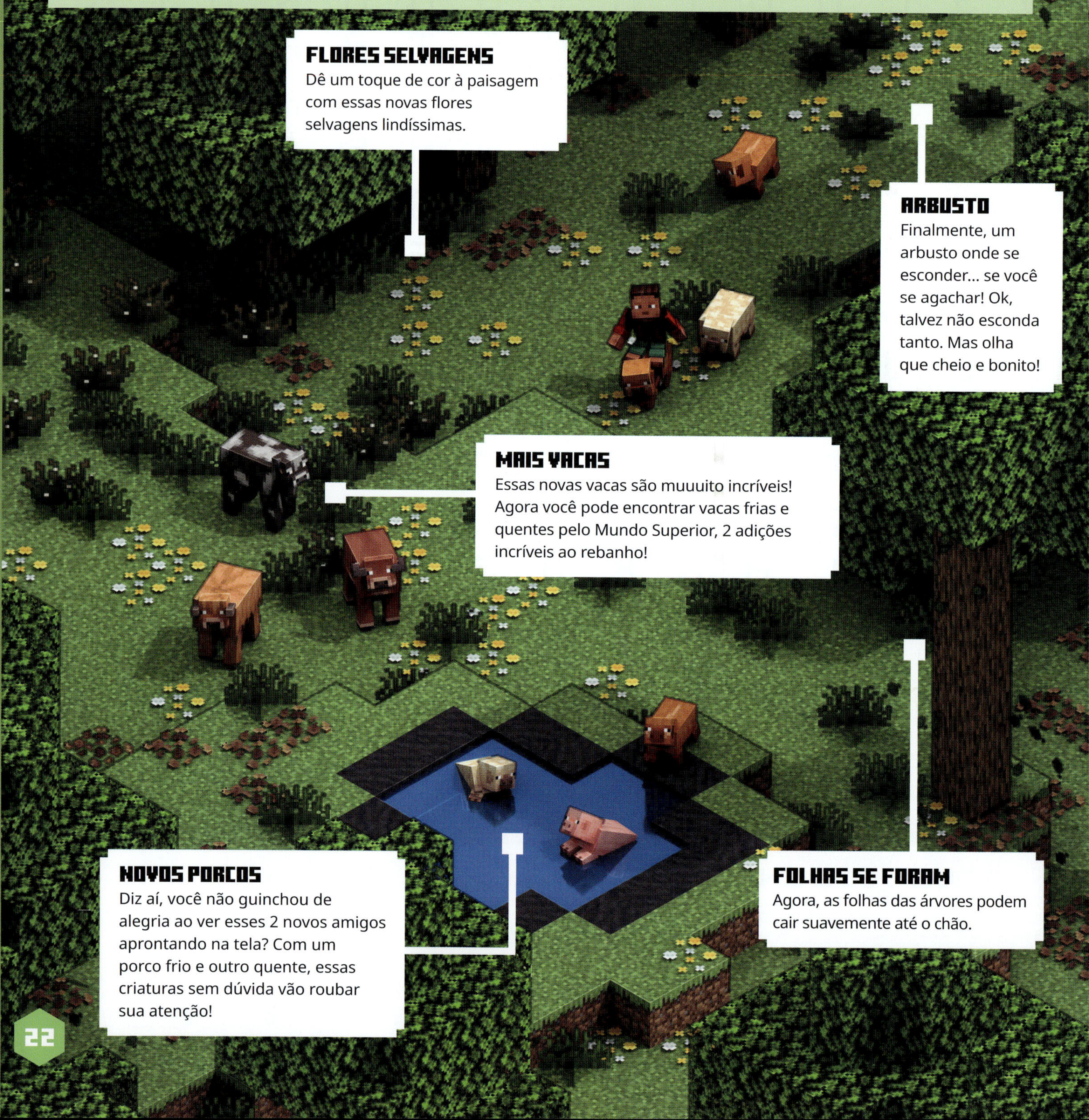

FLORES SELVAGENS
Dê um toque de cor à paisagem com essas novas flores selvagens lindíssimas.

ARBUSTO
Finalmente, um arbusto onde se esconder... se você se agachar! Ok, talvez não esconda tanto. Mas olha que cheio e bonito!

MAIS VACAS
Essas novas vacas são muuuito incríveis! Agora você pode encontrar vacas frias e quentes pelo Mundo Superior, 2 adições incríveis ao rebanho!

NOVOS PORCOS
Diz aí, você não guinchou de alegria ao ver esses 2 novos amigos aprontando na tela? Com um porco frio e outro quente, essas criaturas sem dúvida vão roubar sua atenção!

FOLHAS SE FORAM
Agora, as folhas das árvores podem cair suavemente até o chão.

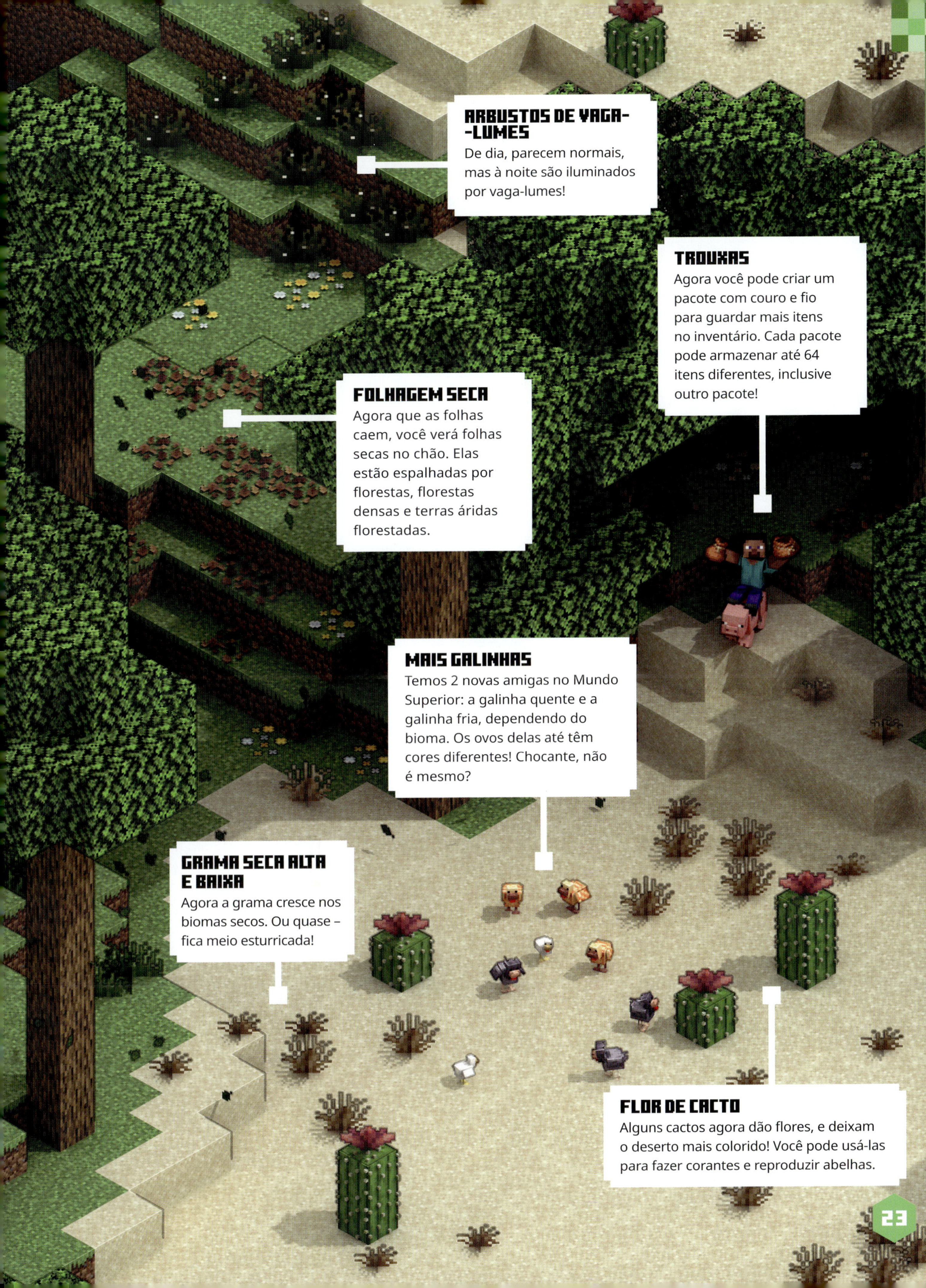

ARBUSTOS DE VAGA--LUMES

De dia, parecem normais, mas à noite são iluminados por vaga-lumes!

TROUXAS

Agora você pode criar um pacote com couro e fio para guardar mais itens no inventário. Cada pacote pode armazenar até 64 itens diferentes, inclusive outro pacote!

FOLHAGEM SECA

Agora que as folhas caem, você verá folhas secas no chão. Elas estão espalhadas por florestas, florestas densas e terras áridas florestadas.

MAIS GALINHAS

Temos 2 novas amigas no Mundo Superior: a galinha quente e a galinha fria, dependendo do bioma. Os ovos delas até têm cores diferentes! Chocante, não é mesmo?

GRAMA SECA ALTA E BAIXA

Agora a grama cresce nos biomas secos. Ou quase – fica meio esturricada!

FLOR DE CACTO

Alguns cactos agora dão flores, e deixam o deserto mais colorido! Você pode usá-las para fazer corantes e reproduzir abelhas.

FIQUE POR DENTRO DE TODAS AS NOVIDADES

Se você for ao jardim pálido à noite, com certeza vai ficar pálido de susto. Vamos dar uma olhada nas novidades!

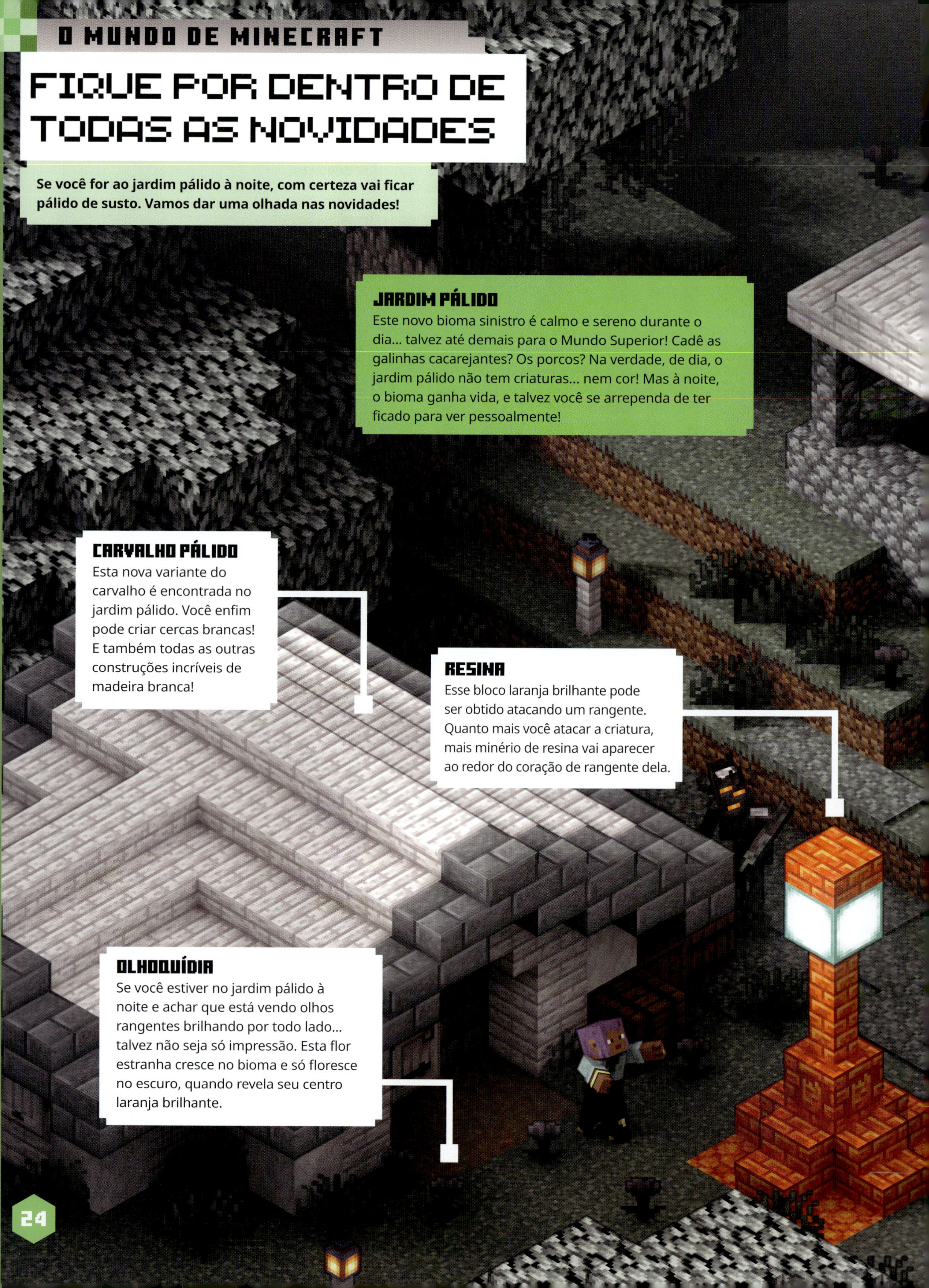

JARDIM PÁLIDO

Este novo bioma sinistro é calmo e sereno durante o dia... talvez até demais para o Mundo Superior! Cadê as galinhas cacarejantes? Os porcos? Na verdade, de dia, o jardim pálido não tem criaturas... nem cor! Mas à noite, o bioma ganha vida, e talvez você se arrependa de ter ficado para ver pessoalmente!

CARVALHO PÁLIDO

Esta nova variante do carvalho é encontrada no jardim pálido. Você enfim pode criar cercas brancas! E também todas as outras construções incríveis de madeira branca!

RESINA

Esse bloco laranja brilhante pode ser obtido atacando um rangente. Quanto mais você atacar a criatura, mais minério de resina vai aparecer ao redor do coração de rangente dela.

OLHOQUÍDIA

Se você estiver no jardim pálido à noite e achar que está vendo olhos rangentes brilhando por todo lado... talvez não seja só impressão. Esta flor estranha cresce no bioma e só floresce no escuro, quando revela seu centro laranja brilhante.

CORAÇÃO DE RANGENTE

Ai, meu coração de rangente! Este bloco está ligado a um rangente, e só destruindo o coração de rangente é possível derrotar a criatura. O bloco pode ser coletado com Toque de Seda. Mas cuidado: se colocá-lo entre 2 troncos de carvalho pálido, pode acabar invocando um rangente ao anoitecer!

CLAVA

Esta arma incrível permite que você ataque de surpresa com estilo — e eficiência mortal! A melhor forma de usar a clava é saltar de um ponto alto e acertar a criatura na cabeça. Quanto maior a queda, maior o dano causado. E não precisa nem se preocupar com o dano de queda. Se acertar o alvo com precisão, você sai ileso.

O RANGENTE

Por mais que uma figura alta com olhos brilhantes faça você evitar o contato visual instintivamente, o rangente não é um Enderman. Na verdade, é uma criatura que você quer ficar encarando, pois assim que desviar os olhos... ele se aproxima para atacar. Se acertá-lo, ele não recebe dano, mas dará uma dica de onde está escondido o coração de rangente dele.

BEDROCK HARDCORE

Se você joga a Edição Bedrock e sempre quis experimentar o modo Hardcore, o dia chegou! No modo Hardcore, só se tem uma vida. Se morrer, é o fim do jogo. Achou que ia ser fácil? Será que tem coragem de tentar?

MUSGO PÁLIDO

Se quiser um visual de construção abandonada, os carpetes de musgo são ideais. Coloque um ao lado de um bloco, e ele se espalha sozinho.

DESAFIO DE CONSTRUÇÃO
MANSÃO RANGENTE

CONSTRUA COM SUNNY

Esta mansão deixará você com o rosto pálido de medo! Ela pode parecer abandonada, mas se acha que está desocupada, está redondamente enganado. De dia, é um lugar sombrio com tábuas rangentes, vinhas espalhadas e muitas teias de aranha. Mas à noite, a casa revela um lado assustador: é o lar do rangente, e você é um visitante indesejado.

DIFICULDADE: ★★★★★

1 hora

1

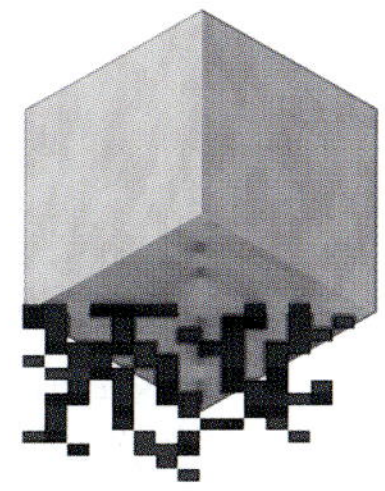

Cave um buraco no chão de pelo menos 2 blocos de profundidade e 17 blocos e meio de largura. Cubra o buraco com madeira de carvalho pálido descascada e acrescente um retângulo extra de 5×2 blocos e mais um bloco na frente. Abaixo da madeira, ponha musgo pálido suspenso sob cada bloco, fazendo com que emitam rangidos assustadores, como se a mansão fosse mal-assombrada. Adicione tufo polido ao redor da fundação e 3 escadas de tufo polido na frente.

2

Use tábuas de carvalho pálido para construir pilares de 5 blocos de altura nos cantos do piso de madeira de carvalho pálido descascada. Coloque blocos alternados ao longo das laterais dos pilares nos 4 cantos principais.

3

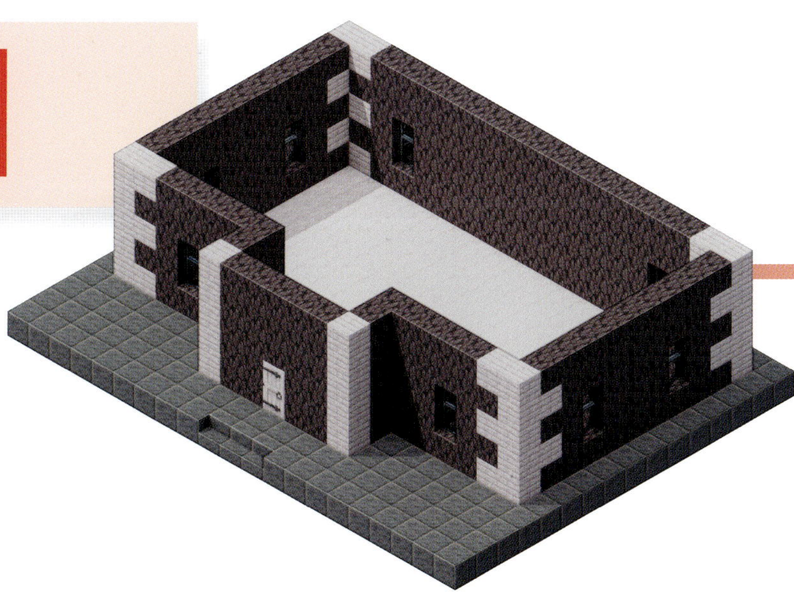

Preencha as paredes com madeira de carvalho pálido. Deixe espaços para janelas com painéis de vidro e para uma porta de carvalho pálido na frente.

4

Construa uma varanda com blocos de tufo polido e alterne escadas de tufo polido de cabeça para baixo nas bordas. Sustente a varanda com paredes de tufo polido e cercas de carvalho pálido.

5

Adicione mais paredes de tufo polido ao topo da varanda, intercaladas com barras de ferro. Depois, coloque botões de pedra-negra polida nos blocos ao redor da parte externa.

6

Comece o próximo andar estendendo os pilares por mais 5 blocos, com mais tábuas de carvalho pálido. Depois, preencha o piso com madeira de carvalho pálido descascada e deixe espaço para uma escadaria central.

7

Preencha as paredes com madeira de carvalho pálido, deixando espaços para janelas e portas, incluindo uma janela grande de 3×3.

8

Adicione uma grande janela projetada na frente da casa, com blocos de vidro no centro e painéis de vidro nas laterais. Coloque portas e painéis de vidro nas outras aberturas.

9

Construa o último andar com 7×7 de largura com tábuas de carvalho pálido para os pilares dos cantos e o piso; madeira de carvalho pálido para as paredes; e um misto de blocos de vidro e painéis para a janela projetada.

10

Na parte externa dos 2 andares superiores, coloque escadas de tufo polido de cabeça para baixo, deixando os cantos vazios.

11

Comece a construir o telhado com uma camada de escadas de ladrilhos de ardosiabissal, depois outra camada bloco acima e mais para dentro.

12

Sobre os ladrilhos de ardosiabissal, adicione uma camada de escadas e preencha o restante com o mesmo material.

13

Repita o processo para construir o telhado.

14

Ao redor das bordas dos 2 telhados, construa uma camada alternando blocos e escadas de tufo polido. Em seguida, adicione paredes de tufo polido no topo e preencha os espaços entre elas com barras de ferro.

15

Para dar à mansão uma aparência abandonada, espalhe muitas teias de aranha e carpetes de musgo pálido ao redor. E se quiser deixá-la mal-assombrada, construa alguns pilares de carvalho pálido dentro da casa e adicione um ou dois corações de rangente a eles. Você pode até colocá-los nas paredes!

LIÇÕES DOS LOBOS

GUIA EXPERT COM ALEX

Se é fã de lobos, a atualização Armoured Paws deve ter feito você abanar o rabo! Agora existem 9 — sim, 9 — tipos de lobo para domesticar! Antes de partir em uma jornada para encontrar todos eles (o que deve estar doido para fazer), vamos ver melhor onde encontrá-los e o que fazer depois!

PRETO
HABITAT: Taiga de pinheiros gigantes
MATILHA DE: 2–4

DE NEVE
HABITAT: Bosque
MATILHA DE: 1

BOA SORTE PARA ENCONTRAR ESTE. É UM LOBO SOLITÁRIO!

PERSONALIZE!

Não há variantes o suficiente para você? Pois agora também é possível personalizar seus lobos com armadura! A armadura de lobo é feita com 6 escamas de tatu.

Você pode deixar a armadura do seu lobo rosa comum ou usar a criatividade e tingi-la. Para isso, na Bedrock, você precisará de um caldeirão, então é só enchê-lo com água e um corante à sua escolha. Dá até para misturar corantes no caldeirão e criar novos tons. É um arco-íris inteiro de opções!

Se mudar de ideia e quiser tirar a armadura de um lobo, basta tosquiá-la.

Você também pode mudar a cor da coleira do seu lobo usando um corante nela.

LIÇÕES DOS LOBOS

VANTAGENS DE DOMAR UM LOBO

Ainda não tem certeza se quer um lobo? Aqui estão alguns dos benefícios de domesticar um:

ÓTIMA COMPANHIA

Você nunca mais vai se sentir sozinho no Mundo Superior. Seu fiel companheiro vai segui-lo aonde for. Se não estiver sentado, vai se teletransportar até você, caso se separem.

ELES PROTEGEM

Lobos domesticados defendem você e ajudam a derrotar qualquer criatura que atacá-lo.

AMIGÁVEIS

Depois de domesticado, o lobo nunca mais vai atacá-lo, mesmo que você o acerte por acidente. Mas você não faria isso de propósito, certo?

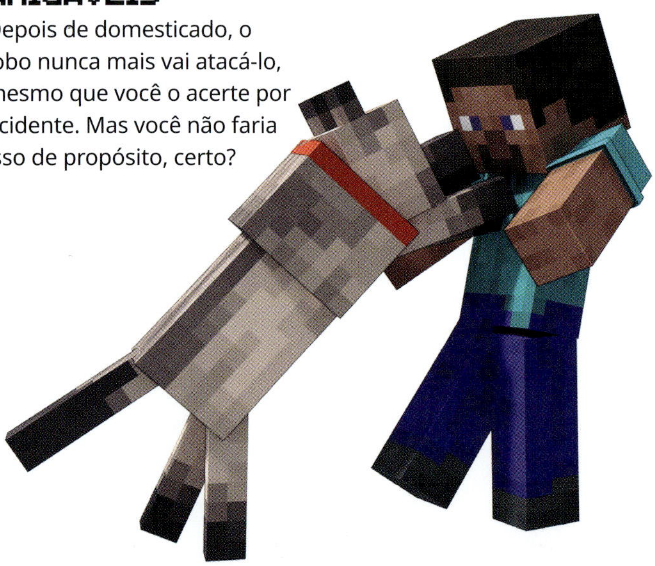

AJUDA NA CAÇA

Se você atacar uma criatura, seu lobo entra na briga, derrota o inimigo e ainda deixa os itens para você.

APROVEITAM A CARNE PODRE

Eles adoram um bom bife, mas também comem carne podre sem problemas, o que libera espaço no seu inventário!

FOFÍSSIMOS

Precisamos dizer mais? Até os olhinhos deles ficam mais fofos depois de domesticados.

COMO CUIDAR DO SEU LOBO DOMESTICADO

ARMADURA

A gente já viu como as armaduras são estilosas, mas elas também trazem outros benefícios.

Seu lobo domesticado tem 40 pontos de vida, o que já é ótimo, mas com armadura ele ganha proteção contra a maioria dos tipos de dano, somando o equivalente a 64 pontos extras de vida, quase indestrutível!

Se perceber que a armadura do seu lobo está desgastada, não precisa criar uma nova do zero. Basta repará-la com mais escamas de tatu.

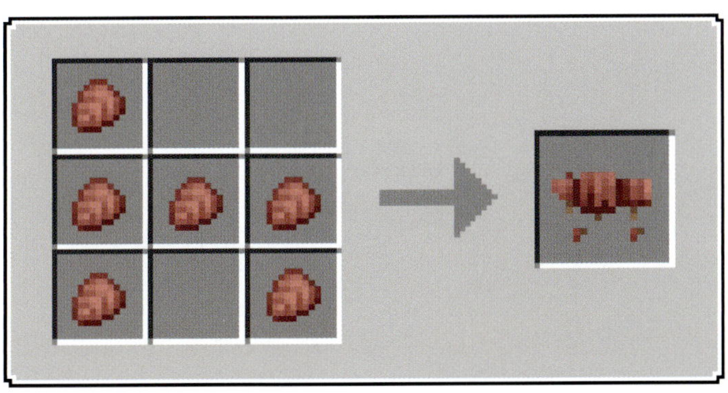

RANGO

Assim como você, seu lobo precisa se alimentar. Depois de domesticado, ele não vai mais caçar criaturas passivas sozinho. Quando está com fome, o rabinho dele fica baixo e ele começa a ganir. E o que é melhor dar para ele? Confira a tabela abaixo:

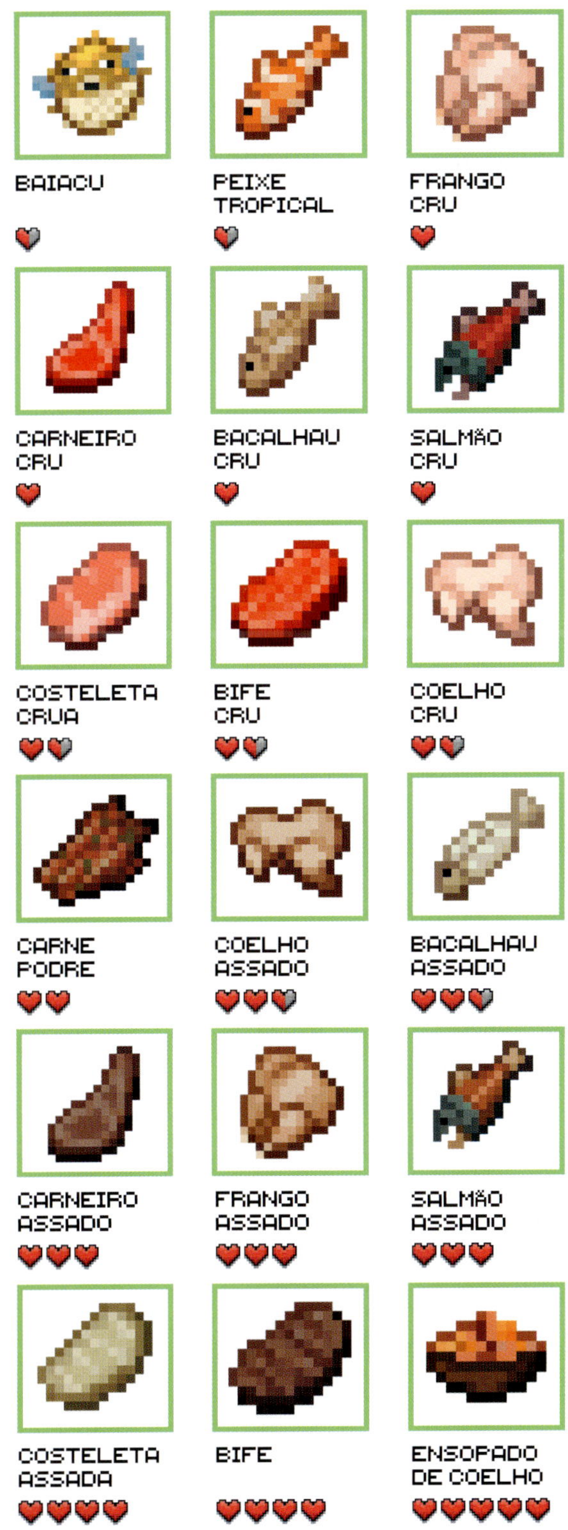

JOGO DE TABULEIRO
CAÇA-CRIATURAS

JOGUE COM EFE

Se você gosta de observar criaturas tanto quanto a gente, então vai amar este jogo de tabuleiro! Convide alguns amigos ou familiares, e role os dados para andar pelo tabuleiro coletando criaturas pelo caminho. Quem conseguir coletar todas primeiro, vence! Mas cuidado: algumas criaturas não gostam nada se você cair nelas!

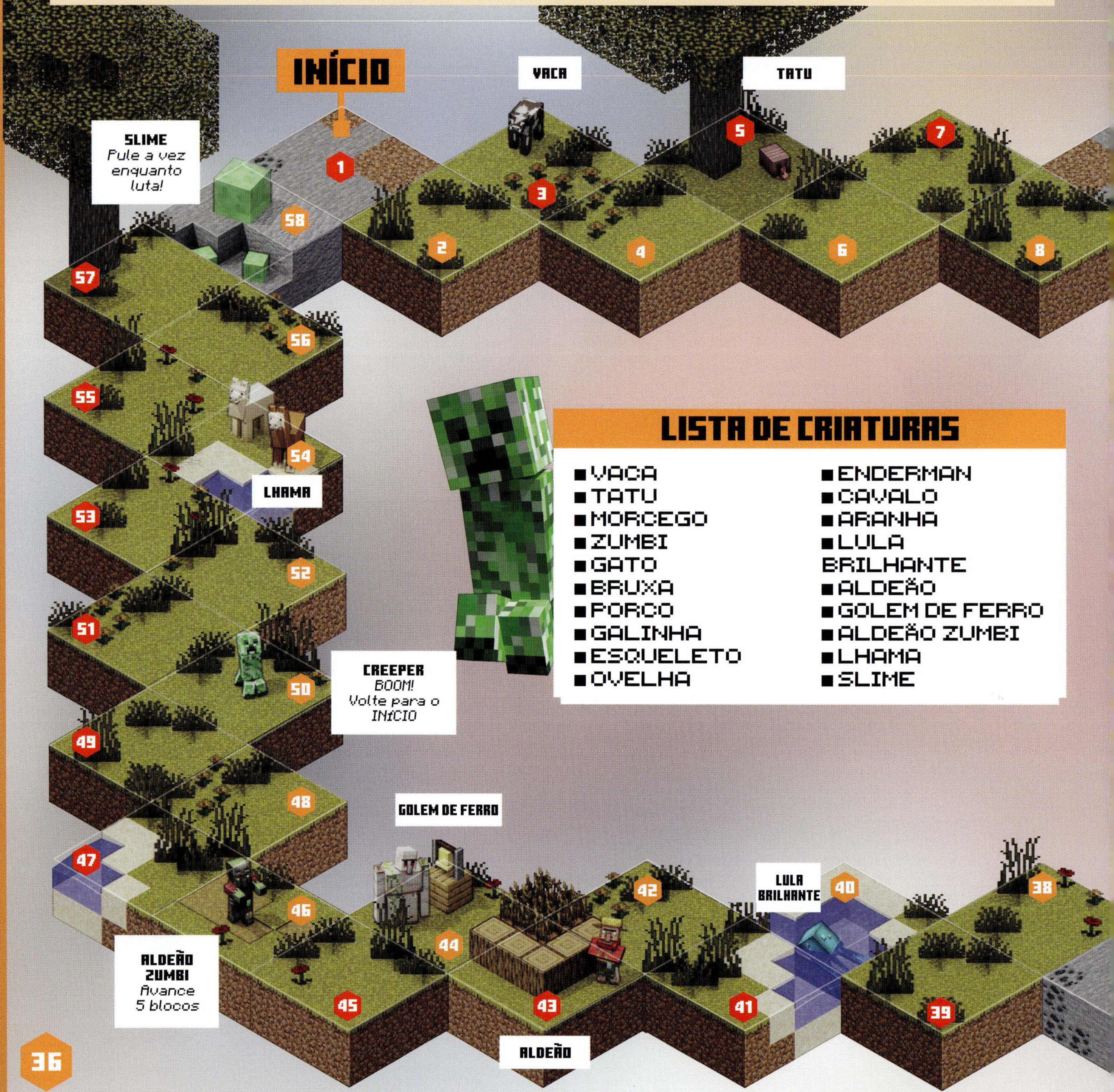

LISTA DE CRIATURAS

- VACA
- TATU
- MORCEGO
- ZUMBI
- GATO
- BRUXA
- PORCO
- GALINHA
- ESQUELETO
- OVELHA
- ENDERMAN
- CAVALO
- ARANHA
- LULA BRILHANTE
- ALDEÃO
- GOLEM DE FERRO
- ALDEÃO ZUMBI
- LHAMA
- SLIME

VOCÊ PRECISARÁ DE:

- 2+ jogadores
- 2 dados
- Um marcador para cada jogador (pode ser de papel!)

REGRAS

1. Cada jogador pega uma folha de papel e anota todas as criaturas listadas no centro do tabuleiro.
2. Jogue um dado e avance seu marcador o número correspondente de casas.
3. Se cair numa criatura, risque essa criatura da sua lista. Parabéns, você coletou uma!
4. Se cair numa criatura hostil, ela pode atacar. Você deve seguir a instrução daquela casa.
5. Dê voltas no tabuleiro até alguém conseguir coletar todas as criaturas.
6. Quem riscar todas as criaturas da lista primeiro, vence!

DESAFIO DE SOBREVIVÊNCIA
MANGUEZAL

Se você é fã de água e sapos, deveria pensar em se estabelecer em um manguezal. Embora possa parecer um bioma fácil de sobreviver, ele é mais complicado do que aparenta. Quase não há criaturas passivas, nem plantações, então encontrar comida não vai ser nada simples! Vamos ver as melhores estratégias para sobreviver aqui.

1 ABRA ESPAÇO

A vegetação dos manguezais é densa, então, se quiser passar muito tempo por aqui, é melhor abrir uma clareira para construir sua base. A vantagem é que, assim, você vai juntar muitas toras de mangue para criar ferramentas!

2 CRIE FERRAMENTAS

Enquanto abre espaço, não se esqueça de fazer uma bancada e fabricar alguns machados para agilizar o serviço. E aproveite para fazer espadas e picaretas também. Nunca se sabe!

3 ESCONDA-SE

Antes do anoitecer, você precisará de um esconderijo. Se der tempo, crie algumas tábuas de mangue e construa uma minibase. Se não der, suba pelas vinhas de uma árvore de mangue e fique entre as folhas até o amanhecer.

4 DEFENDA-SE

Não adianta correr: a vegetação neste lugar é um verdadeiro labirinto. A maioria das criaturas hostis aparece por aqui, além de algumas exclusivas do bioma, como os atolados e os slimes. E você com certeza não quer ser encurralado por eles! Mantenha uma espada e um escudo a postos e evite as flechas de veneno dos atolados!

5 HORA DO RANGO

Só há 2 fontes de comida por aqui: peixe tropical e mel. O peixe é fácil de pegar, basta mergulhar na água. Já o mel, você só consegue consumir se tiver uma garrafa de vidro primeiro. Então, até encontrar uma bruxa que drope uma ao ser derrotada... tomara que você goste de peixe!

6 CONSTRUA UMA BASE

Não há muita variedade de materiais no mangue, mas você ainda pode construir uma base incrível. Dá para se fazer muito com as árvores dali: a madeira tem um tom vermelho lindo e, com uma tosquiadeira, pode-se coletar as folhas. E ainda é possível cavar! Abaixo das camadas de lama, você encontrará os mesmos blocos dos outros biomas, e quem sabe até uma câmara de testes.

7 ESTRUTURE UMA AVENTURA

Com sorte, há um portal em ruínas no seu manguezal. Por ele, você pode encontrar armaduras e ferramentas douradas encantadas, além de itens úteis como uma pederneira para acender uma fogueira e cozinhar seu peixe tropical. Talvez tenha até outros tipos de comida para variar o cardápio!

DESAFIO DE CONSTRUÇÃO

UMA BASE ATOLADA

CONSTRUA COM SUNNY

Os atolados estão incomodando sua expedição ao manguezal? Que tal construir uma base inspirada neles? Vai que eles ficam lisonjeados e resolvem deixar você em paz... ou não! Só não se esqueça de conferir se a casa está vazia antes de fechar a porta, ou umas visitas bem mal-educadas podem chegar de surpresa!

DIFICULDADE: ★★★☆☆

35 min

1

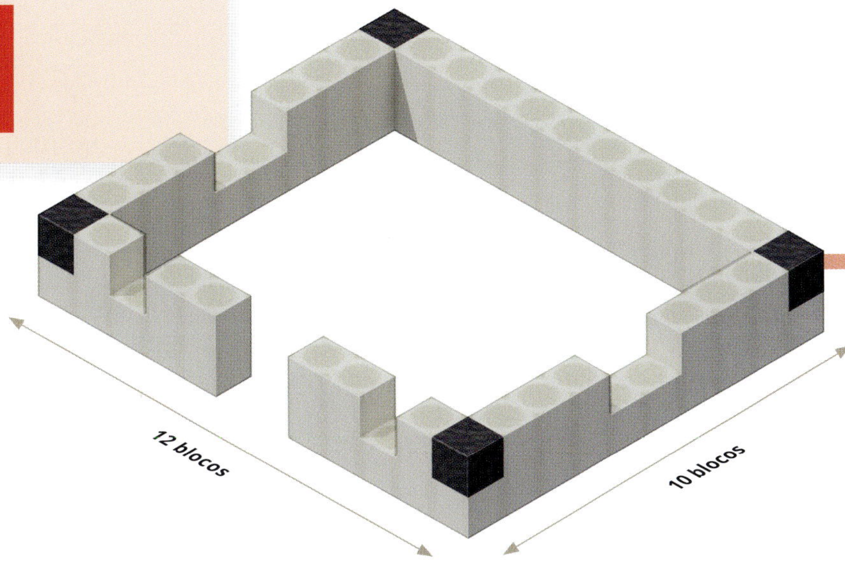

Do que os atolados são feitos? Ossos, é claro! Use blocos de ossos para criar uma estrutura de 12×10 blocos, com 2 blocos de altura e espaços para as janelas e a porta. Coloque um bloco de lama em cada canto.

2

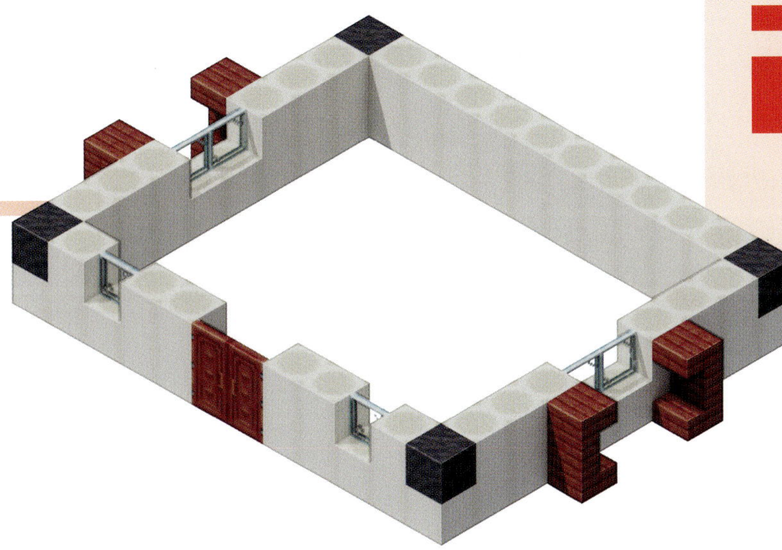

Adicione painéis de vidro às janelas e 2 portas de mangue na entrada. Coloque escadas de mangue nos 2 lados das janelas laterais.

3

Só para o caso de a bajulação não funcionar, vamos camuflar a base! Use blocos de lama e grama nas laterais para deixar a construção parecida com uma colina. Coloque outra camada de blocos de ossos na frente e atrás da base.

4

Continue construindo as laterais com blocos de lama e grama, recuando um bloco para dentro para começar a fechar o telhado. Adicione mais blocos de ossos na frente e atrás da base.

5

Adicione mais blocos de lama e grama ao topo da base, recuando um bloco nas laterais.

6

Complete o telhado com blocos de lama e grama.

7

Use uma mistura de tábuas, escadas e cercas de mangue para construir molduras ao redor das janelas da frente.

8

Use mais tábuas e escadas de mangue para completar a varanda circular e depois adicione várias lanternas penduradas em correntes para decorar a base.

9

Use blocos de cogumelo variados para construir 2 cogumelos gigantes, imitando os que crescem na cabeça de um atolado. Depois, termine a construção camuflando-a ainda mais com grama baixa.

ENCARANDO AS CÂMARAS DE TESTE

A essa altura, você já deve ter ouvido falar das câmaras de teste, talvez tenha até explorado uma ou outra. Essas câmaras subterrâneas estão cheias de desafios perigosos e recompensas valiosas. Então, se não tem muita experiência, vamos nos preparar. Estas páginas podem acabar salvando a sua vida (no jogo, é claro).

COMO ENCONTRAR UMA CÂMARA DE TESTE

Primeiro, veja se está na dimensão certa. Está no Mundo Superior? Ótimo! As câmaras de teste aparecem em quase qualquer lugar do Mundo Superior. Felizmente, são bem comuns. Mas a sorte acaba aí: elas ficam nas profundezas do subterrâneo, entre as camadas Y -20 e 0. E como encontrar uma?

1 TROQUE

Se quiser uma forma mais segura, procure um aldeão cartógrafo. Será preciso uma bússola, uma pilha de papel e painéis de vidro para subir o nível dele até artífice. Nesse nível, ele pode oferecer um mapa do explorador de testes. Quando tiver o mapa, ele mostrará onde está a câmara mais próxima. Prontinho!

2 CAVE

Claro, você também pode sair cavando por aí e, com muita sorte, dar de cara com uma. Mas, se não der certo, a mineração metódica vai lhe dar uma chance melhor. Vá até a profundidade certa e comece a cavar túneis laterais até encontrar tijolos de tufo ou blocos de cobre. Se encontrar um desses, você achou um tesouro. Ou, melhor dizendo, uma câmara!

3 CAVERNA

Se você gosta de explorar o subterrâneo, esta pode ser a melhor opção! Encontre uma caverna, mas evite as áreas muito montanhosas. É melhor não procurar na escuridão profunda, já que as câmaras raramente surgem por lá. Esta estratégia funciona melhor com uma poção da Visão Noturna. Lute pelas cavernas até ver tijolos de tufo nas paredes.

POR QUE IR?

Você pode estar pensando: "Nossa, quanto trabalho para encontrar uma estrutura cheia de coisas tentando me derrotar". E não está errado. Várias criaturas vão querer te atacar, mas... isso é parte da diversão, não é? E se isso não for um argumento convincente, talvez o tesouro seja!

TESOURO

Onde encontrar tesouros nas câmaras de teste!

BAÚS

Não fique decepcionado se muitos baús estiverem vazios. Eles ajudam você a abrir espaço no inventário.

BARRIS

Os itens aqui são mais simples, mas bastante úteis!

EJETORES

Se não for derrotado depois de ativar um destes por acidente, você pode encontrar itens bem úteis para o combate lá dentro.

VASOS DECORADOS

Há coisas bem interessantes escondidas neles, então não tenha medo de quebrá-los!

INVOCADORES DE PROVAÇÃO

Este tesouro tem um preço: você terá que derrotar um bando de criaturas hostis antes! Se vencer todas, pode ser recompensado com uma chave de teste.

COFRES

É aqui que a chave de teste é útil. Você precisa dela para abrir os cofres, onde estão guardados alguns itens bem incríveis.

COFRES SINISTROS

Para abrir estes cofres, você precisará beber de uma garrafa sinistra, o que invoca criaturas ainda mais letais do que antes. Derrote todas e receba uma chave de teste sinistra para abrir os cofres.

DESAFIO

DICAS DE SOBREVIVÊNCIA

Agora que você já sabe como chegar lá e o que vai encontrar, vamos ver algumas dicas de como sobreviver à jornada!

O QUE LEVAR

Ter os itens certos no inventário pode ser a chave do sucesso.

FERRAMENTAS ENCANTADAS

Claro, suas ferramentas comuns até servem, mas se quiser se sair bem nas câmaras de teste, pode ser bom usar encantamentos nelas. Julgamento permite derrotar criaturas mortas-vivas com um golpe só. Afiação ajuda a enfrentar o brisa com facilidade. Ruína dos Artrópodes é o melhor encantamento para lidar com aranhas. E não esqueça que dá para encantar seu arco também!

UM MACHADO

Pode ser um machado comum. Pode parecer estranho para um desafio de combate, mas ele vai ajudar a clarear o ambiente. Use o machado nas lâmpadas de cobre para tirar a oxidação e fazer a luz brilhar mais forte.

UMA CAMA

Em algum lugar das câmaras de teste existe uma sala CHEIA de camas. Mas até encontrar esse refúgio, é bom levar uma com você só por via das dúvidas. Assim, se for derrotado, pelo menos não vai renascer longe demais.

TROUXAS

Embora os baús nas câmaras sejam úteis como armazenamento extra, as trouxas têm a habilidade única de guardar tudo diretamente no seu inventário, o que amplia a capacidade dele. Que maravilha!

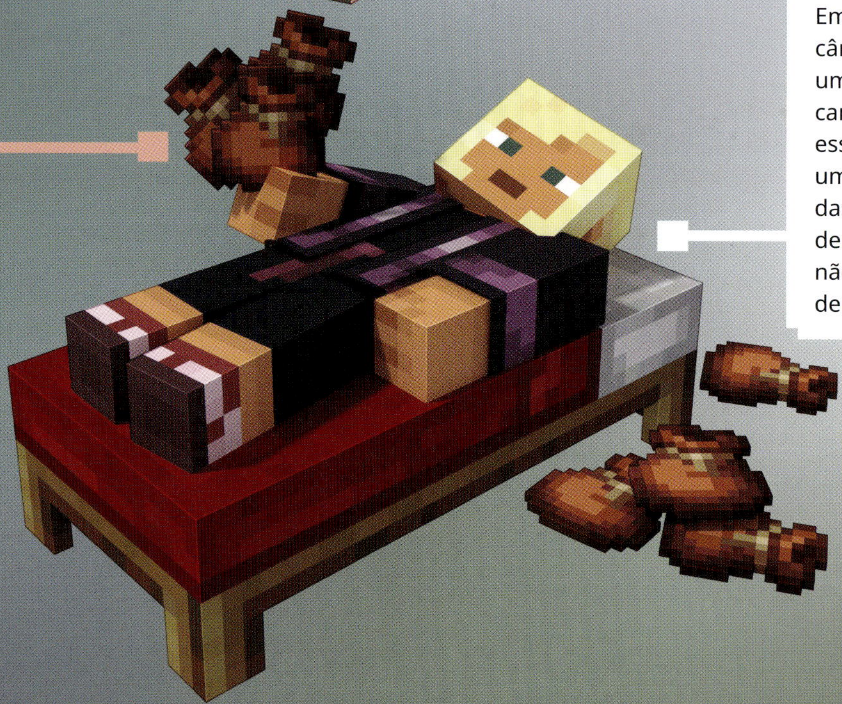

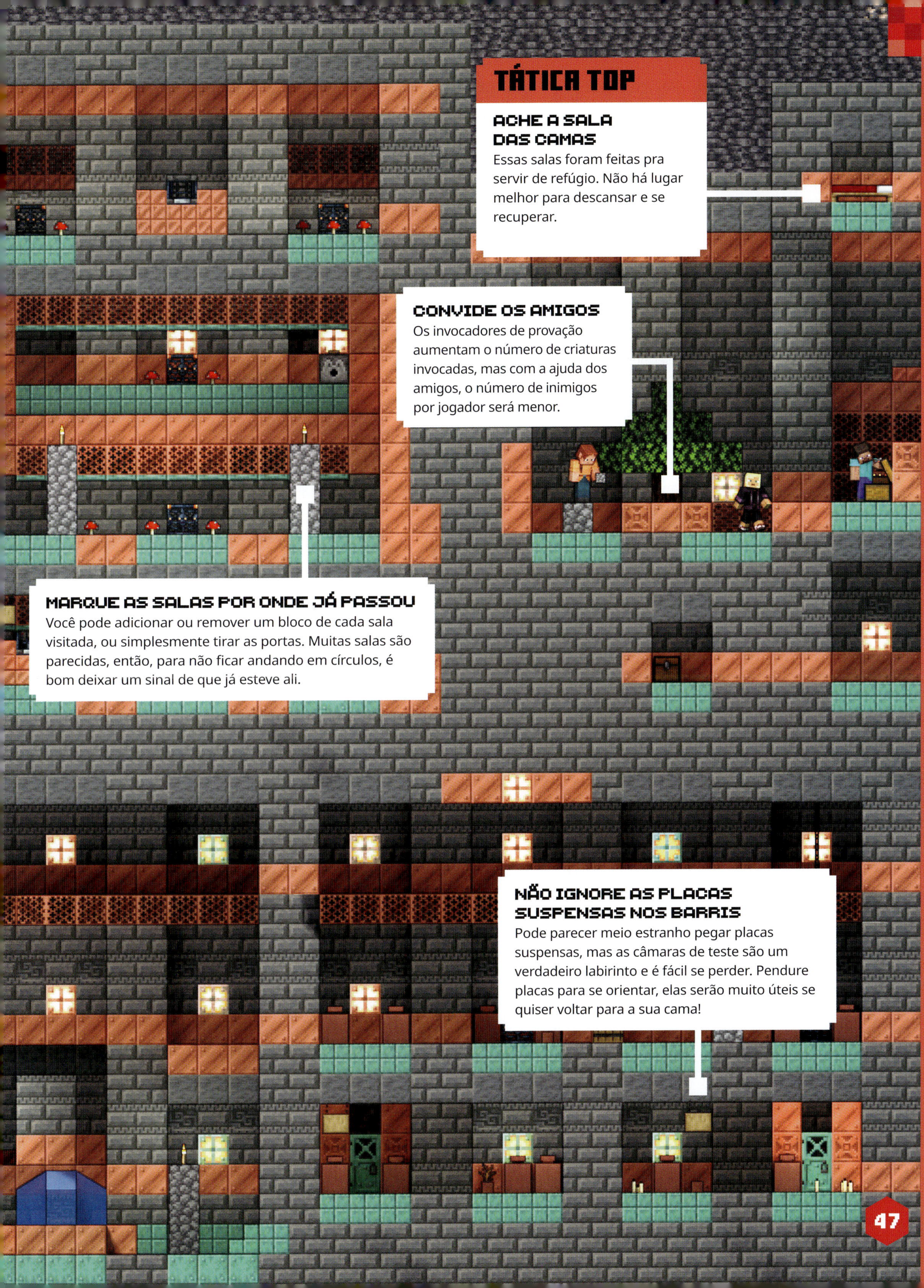

TÁTICA TOP

ACHE A SALA DAS CAMAS

Essas salas foram feitas pra servir de refúgio. Não há lugar melhor para descansar e se recuperar.

CONVIDE OS AMIGOS

Os invocadores de provação aumentam o número de criaturas invocadas, mas com a ajuda dos amigos, o número de inimigos por jogador será menor.

MARQUE AS SALAS POR ONDE JÁ PASSOU

Você pode adicionar ou remover um bloco de cada sala visitada, ou simplesmente tirar as portas. Muitas salas são parecidas, então, para não ficar andando em círculos, é bom deixar um sinal de que já esteve ali.

NÃO IGNORE AS PLACAS SUSPENSAS NOS BARRIS

Pode parecer meio estranho pegar placas suspensas, mas as câmaras de teste são um verdadeiro labirinto e é fácil se perder. Pendure placas para se orientar, elas serão muito úteis se quiser voltar para a sua cama!

GERADORES DE DESAFIO

PASSATEMPOS COM ARI

Os geradores do desafio têm blocos ao redor que servem de pista. Nos cantos de cada gerador de criaturas há blocos que indicam qual criatura será invocada se você ativá-lo. Isso lhe dará tempo para se preparar e para escolher as armas certas. Você consegue ligar corretamente as criaturas aos respectivos blocos dos geradores do desafio?

Confira as respostas na página 70

QUAL CRIATURA FOI INVOCADA?

Se não tomar cuidado, você pode ativar o gerador do desafio antes mesmo de poder descobrir o que enfrentará, e não terá tempo para se preparar! Siga as instruções abaixo. Você consegue colorir a grade para descobrir qual criatura acabou de ser invocada atrás de você? Com tantas criaturas hostis, é melhor ser rápido!

	1	2	3	4	5	6	7	8	9	10
A										
B										
C										
D										
E										
F										
G										
H										

AZUL
2H, 3D, 3H, 4D, 4E, 4G, 4H, 5E, 5F, 5G, 5H, 6E, 6F, 6G, 6H, 7D, 7E, 7G, 7H, 8D, 8H, 9H

ROXO
2B, 2C, 2D, 3B, 3C, 4B, 5D, 6D, 7C, 8A, 8C, 9A, 9C, 9D

LILÁS
1E, 2A, 2F, 3A, 4A, 4C, 5A, 5B, 5C, 6A, 6B, 6C, 7A, 7B, 8B, 9B, 9F, 10E

AZUL-ESCURO
3G, 8G

AMARELO
2G, 9G

A CRIATURA INVOCADA É:

Confira a resposta na página 68

LABIRINTO MINECRAFT
CÂMARAS DE TESTE

PASSATEMPOS COM ARI

Você sobreviveu às câmaras de teste, enfrentou diversas criaturas e coletou todo o seu saque. Mas calma. Ainda há um cofre para ser aberto! Encontre o caminho de volta pelas câmaras de teste, evite criaturas e pegue a chave para abrir o cofre. Depois, é hora de colocar sebo nas canelas e fugir antes que as criaturas alcancem você!

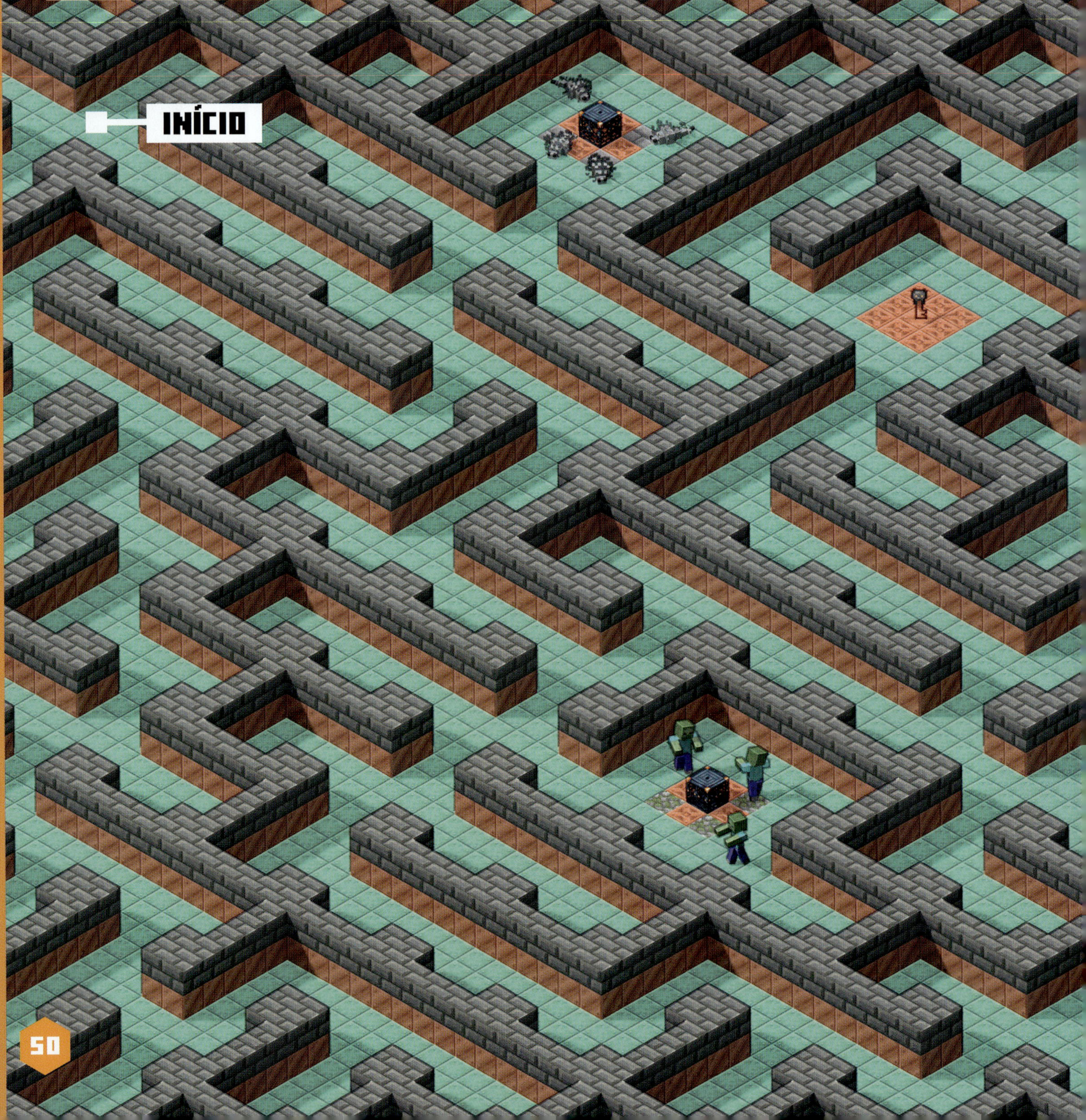

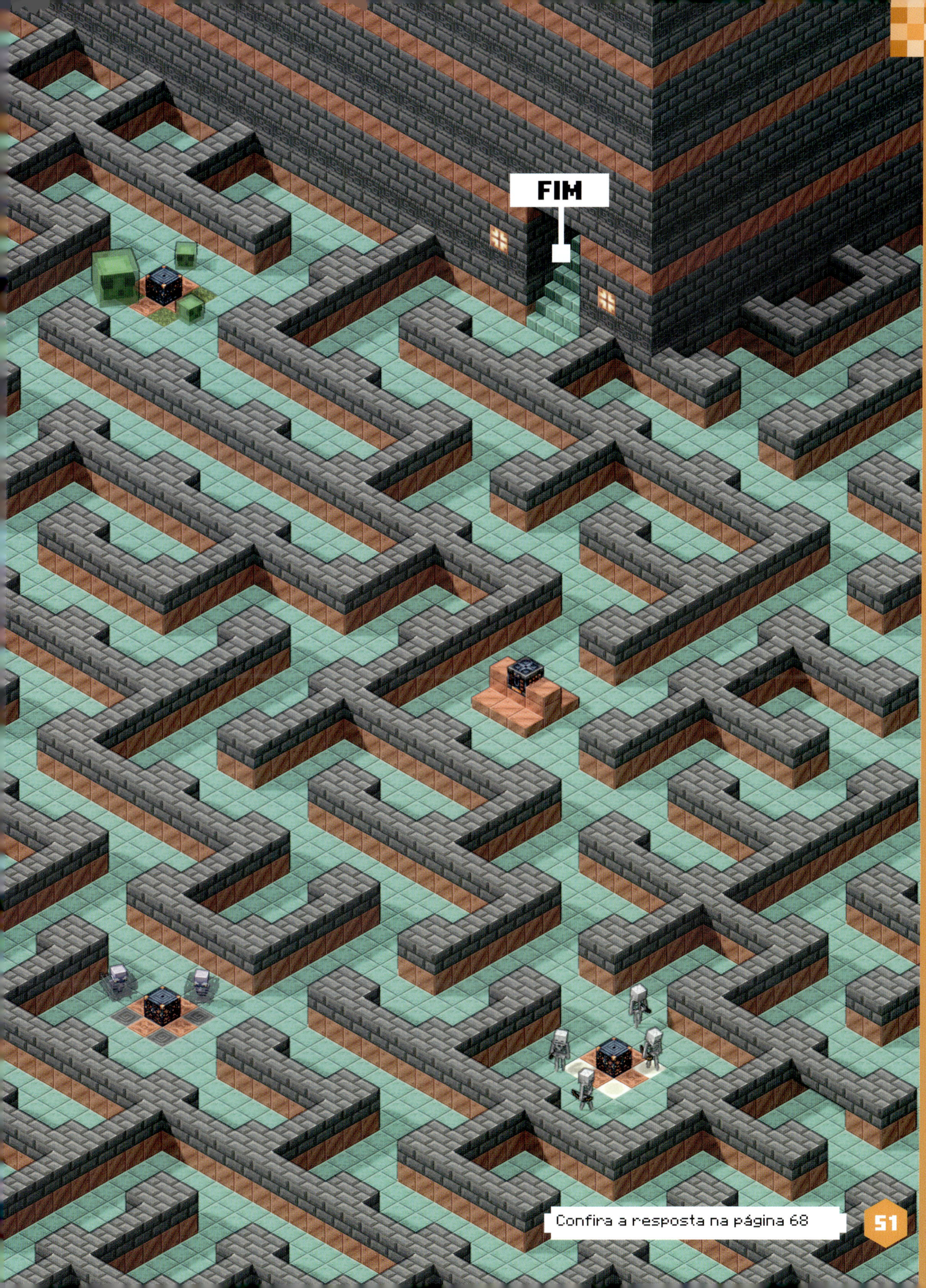

Confira a resposta na página 68

MARKETPLACE

DESCUBRA COM KAI

Quer variar o seu jogo? Então que tal conferir o Minecraft Marketplace? Há opções para todos os gostos, e você com certeza encontrará um pacote de texturas, minijogo, mapas de aventura ou capas para deixar seu jogo ainda mais divertido. Gosta de coisas fofas? Há várias opções fofíssimas!

PACOTES DE TEXTURAS

Mude a aparência do seu jogo com um pacote de texturas!

REALISMCRAFT®

SPARK UNIVERSE

Quer ver o jogo com outros olhos? Este pacote de texturas adiciona movimento e detalhes aos blocos, além de uma iluminação diferente que transforma o jogo.

PASTEL PARADISE

HEROPIXEL GAMES

Se cores vibrantes fazem seus olhos doerem e você prefere tons mais suaves, este pacote vai transformar seu Mundo Superior em um paraíso de tons pastel!

PACOTES MASH-UP

Quer uma história e texturas novas para explorar? Experimente um pacote *mash-up*!

PIRATE MASHUP

HONEYFROST

Olá, marujo! Pronto para uma aventura pelos 7 mares? Pegue seu tapa-olho e embarque numa jornada cheia de missões e tesouros neste pacote *mash-up* de piratas!

DRAGONS MASH-UP

EESCAL STUDIOS

Você sempre quis montar num Dragão Ender, mas nunca conseguiu? Aqui está sua chance de domar dragões, domesticando e voando nas costas do seu próprio dragão.

MAPA DE AVENTURA

Parta numa nova aventura com esses mapas imersivos!

DR. SEUSS

SHALIQUINN'S SCHEMATICS

Mergulhe nas histórias de Dr. Seuss e explore aventuras por *O Gatola da Cartola*, *O Lórax* e *Ah, os lugares aonde você irá!* Qual é o seu favorito?

HORROR: THE ESCAPE

SQUARE DREAMS

Como assim você ainda não jogou este mapa de aventura? Que horror! Não se preocupe, ainda dá tempo de explorar a floresta escura e escapar com vida... ou será que não?

MINIJOGOS

Quer um jogo novo e divertido para jogar dentro do Minecraft? Experimente um minijogo!

CANDY LAND

TEAM VOIDFEATHER

Prepare-se para uma delícia de minijogo! Este reino de doces está recheado de atividades divertidas: tem parkour, labirintos e até uma floresta monstro.

PARKOUR WARS 2

THE RAGE CRAFT ROOM

Convide os amigos e dispute uma batalha de parkour neste minijogo eletrizante, onde cada salto pode ser uma vitória ou uma queda na lava! Boa sorte!

CAPAS

Dê um visual novo aos seus personagens com um pacote de capas!

BLOOM

YEGGS

Desperte o poder das flores com este pacote lindíssimo de capas, que adiciona estampas florais ao seu visual. Agora, tudo são flores!

GHOSTLY TEENAGERS

FINGERMAPS

O que é mais assustador do que adolescentes? Adolescentes fantasmagóricos, claro! Aceite seu lado sombrio com estas capas góticas de arrepiar!

QUAL É O BIOMA IDEAL PARA VOCÊ?

JOGUE COM EFE

Já se perguntou em qual bioma moraria se fosse um aldeão? Não? Pois está na hora de mudar isso! Seja para se imaginar como um dos nossos amigos narigudos ou para decidir onde construir sua base, este quiz é para você. Responda e descubra seu bioma ideal!

Você gosta de frio?

- A Eu não!
- B Amo neve!

Você prefere ter o inventário cheio de comida ou de tesouro?

- A Tesouro, claro!
- B Prefiro bolo!

A grama do vizinho é mais verde?

- A Sempre!
- B Não, gosto da minha.

Qual cor você prefere?

- A Verde-cacto.
- B Amarelo-girassol.

Qual estrutura você preferiria explorar?

- A Um templo no deserto.
- B Um iglu.

Qual cor de tora você prefere usar para construir?

- A Acácia laranja.
- B Carvalho e pinheiro marrons.

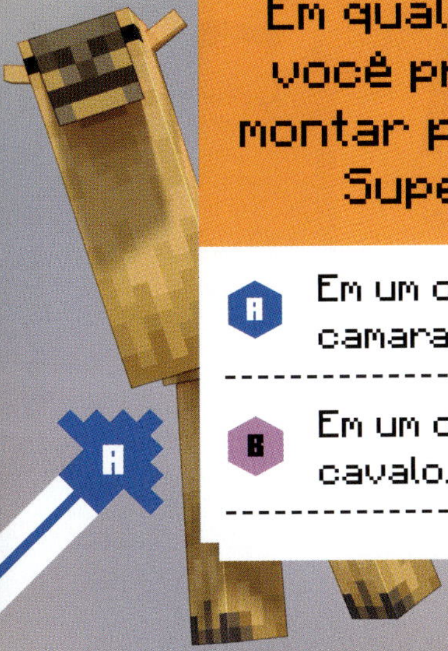

Em qual criatura você preferiria montar pelo Mundo Superior?

- A Em um camelo camarada.
- B Em um charmoso cavalo.

Você ama comida?

- A Só quando tô com fome.
- B EU VIVO para comer!

O que é mais fofo?

- A Um tatu.
- B Uma raposa da neve

Qual criatura gostaria de domesticar?

- A Um burro para carregar suas coisas
- B Um lobo para defender você.

DESERTO

SAVANA

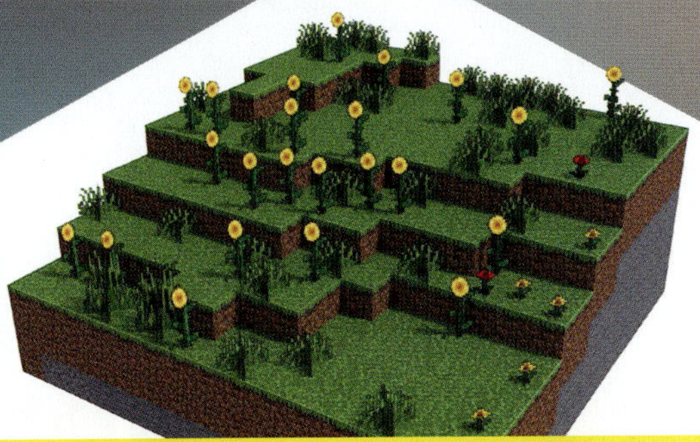

PLANÍCIES DE GIRASSÓIS

TAIGA NEVADA

CAÇA-CRIATURA RARA

EXPLORE COM STEVE

Vamos todos entrar numa caça a criaturas, mas sem medo. (Bom... talvez com um pouquinho de medo, pois cabras gritantes são apavorantes! O que será que elas viram?!) Se você é fã de criaturas, que tal sair por aí tentando encontrar as mais raras do jogo? Talvez já tenha até avistado algumas. Será que dá para encontrar todas?

CAVALEIRO-ESQUELETO

Quando um raio cai em uma tempestade, há uma chance de surgir uma armadilha de cavalo-esqueleto. Se você chegar a 10 blocos dele, ele se torna um cavaleiro-esqueleto e outros 3 aparecem por perto. O cavalo pode até ser passivo... mas o esqueleto montado nele, com certeza não!

SUPERDICA:

Para evitar que essas criaturas raras desapareçam, use uma etiqueta para renomeá-las! Só tenha cuidado ao nomear um creeper elétrico...

ARANHA INVISÍVEL

Para encontrar esta aqui, você precisará definir a dificuldade como Difícil. Nesse modo, aranhas podem surgir com efeitos, inclusive invisibilidade. Fique atento e talvez você veja 2 olhos vermelhos à espreita no escuro!

CREEPER ELÉTRICO

Melhor admirar essa criatura de longe! Um creeper se torna elétrico quando é atingido por um raio, o que aumenta (muito) o alcance da explosão. FUJA!

JOCKEY DE ARANHA

O que é pior que uma aranha invisível? Uma aranha com um esqueleto montado nela, é claro!

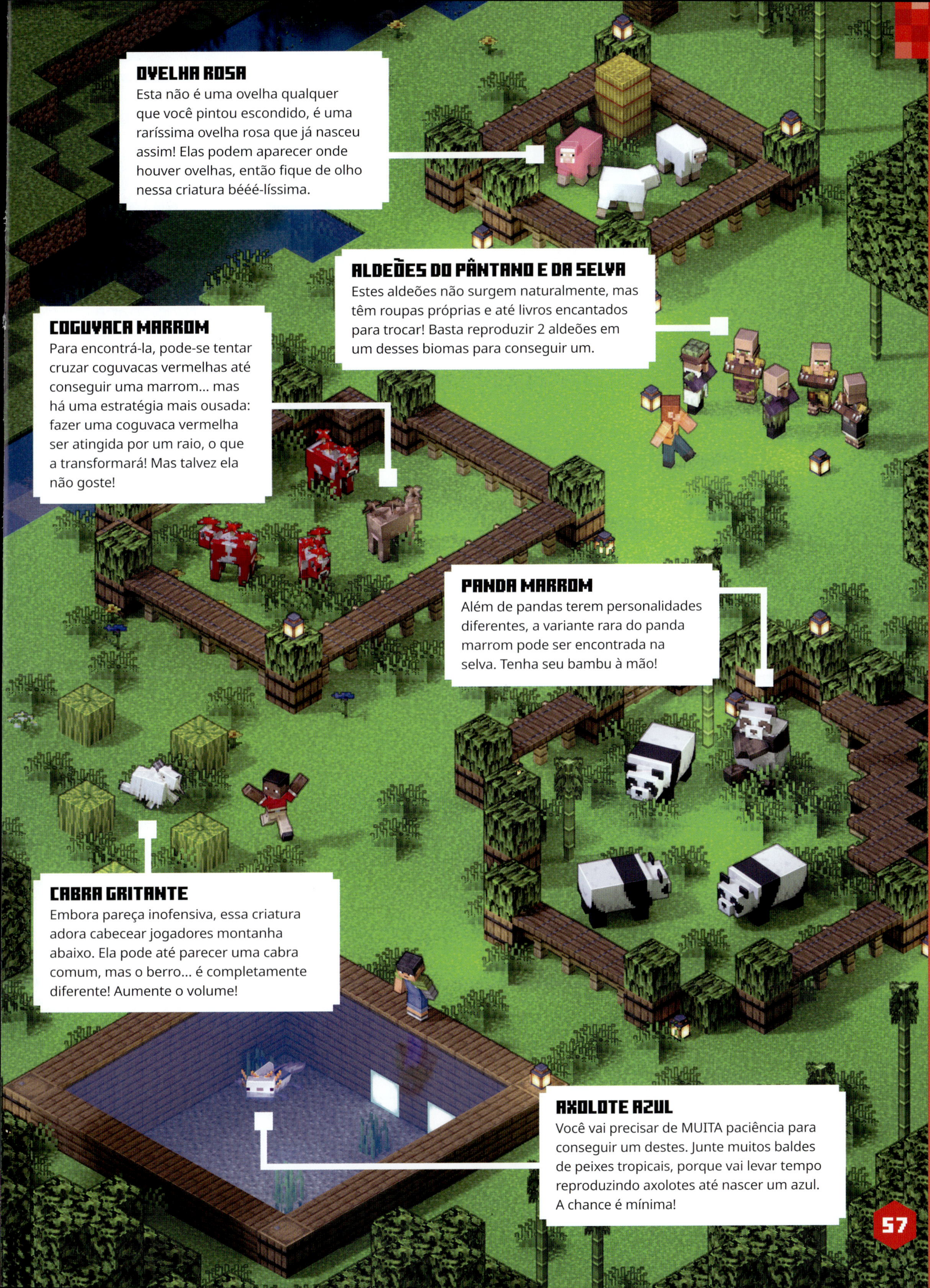

OVELHA ROSA

Esta não é uma ovelha qualquer que você pintou escondido, é uma raríssima ovelha rosa que já nasceu assim! Elas podem aparecer onde houver ovelhas, então fique de olho nessa criatura bééé-líssima.

ALDEÕES DO PÂNTANO E DA SELVA

Estes aldeões não surgem naturalmente, mas têm roupas próprias e até livros encantados para trocar! Basta reproduzir 2 aldeões em um desses biomas para conseguir um.

COGUVACA MARROM

Para encontrá-la, pode-se tentar cruzar coguvacas vermelhas até conseguir uma marrom... mas há uma estratégia mais ousada: fazer uma coguvaca vermelha ser atingida por um raio, o que a transformará! Mas talvez ela não goste!

PANDA MARROM

Além de pandas terem personalidades diferentes, a variante rara do panda marrom pode ser encontrada na selva. Tenha seu bambu à mão!

CABRA GRITANTE

Embora pareça inofensiva, essa criatura adora cabecear jogadores montanha abaixo. Ela pode até parecer uma cabra comum, mas o berro... é completamente diferente! Aumente o volume!

AXOLOTE AZUL

Você vai precisar de MUITA paciência para conseguir um destes. Junte muitos baldes de peixes tropicais, porque vai levar tempo reproduzindo axolotes até nascer um azul. A chance é mínima!

MISSÃO NARRATIVA:
ESCOLHA AS PALAVRAS

CRIE
COM MAKENA

Pronto para embarcar numa missão épica com a gente? Nesta página, você só precisa escolher suas palavras favoritas da lista, ou, se quiser ser ainda mais criativo, pode inventar as suas! Desde que sejam parecidas com as nossas sugestões, funcionará. E se não fizerem muito sentido... talvez seja ainda mais engraçado! Depois, é só preencher a história na página 61.

1. Melhor, pior, incrível, fedorento(a) ____________________
2. Steve, Alex, Ari, Sunny ____________________
3. Gemer, gritar, peidar, arrotar ____________________
4. Gira, vira, tropeça, dança ____________________
5. Som, arroto, pum, grito ____________________
6. Berrante, doida, brava, risonha ____________________
7. Árvore, colina, arbusto, lhama ____________________
8. Cabeceia, faz cócegas, cutuca, empurra ____________________
9. Os chifres, a cabeça, os cascos, o bumbum ____________________
10. Montanha, picos, encosta, neve ____________________
11. O empurrão, as cócegas, o cutucão, a confusão ____________________
12. Cair, tombar, voar, tropeçar ____________________
13. Penhasco, bloco, árvore, porco ____________________
14. Grita, guincha, canta, ri ____________________
15. Despenca, cai, voa, plana ____________________
16. Gritando, iodelando, gesticulando, guinchando ____________________
17. Socorro, apoio, companhia, ajuda ____________________
18. Longe demais, rindo muito, com fome, sem forças ____________________
19. Segundo, momento, badalar das horas, pum ____________________
20. Perdido, salvo, hilário, terminado ____________________
21. Grupo, bando, enxame, manada ____________________
22. Galinhas, porcos, vacas, abelhas ____________________
23. Interrompe, suaviza, estraga, acelera ____________________
24. Por pouco, incrível, idiota, ridículo ____________________
25. Em condições de, decidido(a) a jamais, ansioso(a) para, prestes a ____________________
26. Boba, épica, heroica, fadada ao fracasso ____________________
27. Bolo, esmeraldas, axolotes, alguma diversão ____________________

CORTE NA LINHA PONTILHADA

CORTE NA LINHA PONTILHADA

MISSÃO NARRATIVA:
COMPLETE A HISTÓRIA

Vamos para a parte divertida! Preencha aqui as palavras que selecionou para cada número na página 58 e descubra qual história inventou! Será que uma lhama fará cócegas em você com o traseiro ou você será derrubado do lombo de um porco? Se achar legal, preencha de novo em uma folha separada, ou invente a própria história para outros completarem.

Você está em uma aventura com seu(a) 1 ______________ amigo(a), 2 ______________, quando ouve algo 3 ______________ atrás de você. Você 4 ______________ para procurar a origem do 5 ______________, quando uma cabra 6 ______________ sai de trás de um(a) 7 ______________ e 8 ______________ você com 9 ______________ dela! Você está em um bioma de 10 ______________, então é claro que 11 ______________ faz você 12 ______________ de um(a) 13 ______________. Você 14 ______________ enquanto 15 ______________ para baixo, 16 ______________ para seu(a) amigo(a), pedindo 17 ______________. Mas não adianta, ele(a) está 18 ______________. Mas então, no último 19 ______________, quando você acha que tudo está 20 ______________, um(a) 21 ______________ de corajosos(as) 22 ______________ aparece para resgatar você e 23 ______________ sua queda. Ufa! Foi 24 ______________! Agora você está 25 ______________ continuar sua aventura 26 ______________ em busca de 27 ______________!

CRIAÇÕES DA COMUNIDADE

DESCUBRA COM NOOR

Se você está em busca de inspiração para o que construir a seguir, então encontrou. A comunidade incrível de Minecraft está sempre compartilhando criações impressionantes on-line. Aqui estão algumas para inspirar sua próxima construção!

Copyright © @RobellaRose

CASA DE COBRE

POR ROBELLAROSE

"As atualizações trazem novas construções! Esta casinha aconchegante, feita com os blocos de cobre novos, é o lugar perfeito para relaxar depois de uma longa aventura com os amigos. Molhe os pés no lago para se refrescar e colha trigo fresquinho para assar pão." Nós adoramos como os diferentes blocos de cobre se misturam perfeitamente na construção! Como você pode usar mais cobre nas suas criações?

O ABRAÇO DE CELESTRIA

POR TRIXYBLOX

"Eu queria explorar os limites do que dá para construir no Minecraft criando um castelo majestoso e enorme, com uma paleta de cores vibrante e inspirado em estilos arquitetônicos de todo o mundo!" Esta construção é igualmente linda e colossal! Que tal experimentar uma paleta parecida na sua próxima criação?

Copyright © TrixyBlox

A TORRE MAIS ALTA DO MUNDO

POR JERACRAFT

"Eu quis criar uma torre que parecesse ter se erguido das profundezas de um submundo em chamas. Foi um grande desafio, mas eu queria que cada detalhe — dos rios de lava aos penhascos — passasse a ideia de um reino de poder bruto e indomável. Estar na base e olhar para cima faz você imaginar os segredos antigos que essa torre guarda. Meu objetivo era construir algo lindo e intimidador." É exatamente essa a atmosfera da construção, não é? Estamos entre o deslumbramento e o medo! Você consegue construir uma base que passe essa mesma sensação?

ZOOLÓGICO HARDCORE

POR BLUENERDMC

"Esta foi uma das minhas criações mais difíceis, feita toda no modo Sobrevivência Hardcore ao longo de 3 meses. Também foi uma das mais divertidas, um zoológico imenso para mais de 30 animais. Tem até um polvo gigante, cuja boca é a entrada do aquário para os bichos aquáticos. Até hoje, é meu vídeo mais popular no YouTube, e o que mais gostei de fazer." É impressionante mesmo! Quantas criaturas você consegue abrigar em um santuário no modo Hardcore sem ser derrotado?

CIDADE DO AMANHÃ

POR DIDDIHD

"Eu queria construir uma cidade futurista complexa no meio de uma selva tropical. Tentei misturar um estilo distópico e superdesenvolvido com uma cidade coberta por vegetação, em harmonia com a natureza. Usei vários blocos brilhantes, como lanternas do mar, lanternas de sapo e lâmpadas do End, para dar o visual único das construções futuristas. Telhados com vegetação, trepadeiras nas paredes, folhas e áreas cobertas de musgo entre os prédios reforçam a relação com a natureza." Uau! A gente passaria o dia inteiro explorando essa cidade! Como você pode incorporar a natureza às suas próximas construções?

EXPLORE A CIDADE ANTIGA

EXPLORE COM STEVE

As cidades antigas são enormes, escuras e — verdade seja dita — um pouco assustadoras! Com sensores de vibrações e emissores de sculk por toda parte para detectar sua presença e invocar guardas para expulsar você, de fato não é a estrutura mais convidativa. Mas não deixe isso te desanimar: os baús nessas cidades guardam alguns dos melhores tesouros do jogo. Então vamos ver como sobreviver a essa missão!

O QUE LEVAR?

■ **POÇÃO DA VISÃO NOTURNA**
Colocar tochas envia vibrações que podem alertar os sensores de vibrações próximos, então essa poção é a melhor maneira de enxergar no escuro. Leve várias!

■ **UMA CAMA**
Como em qualquer aventura perigosa, é sempre bom levar uma cama. As cidades antigas surgem perto da camada de rocha matriz, então seria péssimo ser derrotado e ter que recomeçar da superfície.

■ **AS FERRAMENTAS CERTAS**
Não deixe de levar: enxada para quebrar blocos de sculk, tosquiadeira para coletar lã, arco com flechas para afastar o guarda e machado para abrir baús. E claro, uma picareta!

■ **TROUXAS**
Há muito para saquear em uma cidade antiga. Se quiser levar tudo de volta com você, algumas trouxas serão úteis para organizar os itens. Dá até para guardar uma dentro da outra e aumentar a capacidade!

■ **ARMADURA**
Só por via das dúvidas, né? Mesmo se você for bem furtivo, ainda é bom estar preparado. Evite o confronto com o guarda a todo custo, mas se não der, melhor estar protegido. Calças serão úteis para o próximo item!

■ **UMA BIGORNA**
Esta aqui é ótima! Você pode encontrar um livro encantado com Esgueirar Veloz. Se tiver experiência suficiente, pode usar a bigorna para aplicar o encantamento às calças e andar furtivamente mais rápido.

■ **LÃ**
Leve bastante! Pelo menos 2 pilhas, embora até possa encontrar mais por lá. A lã bloqueia os sinais dos sensores de vibrações enquanto você anda sem fazer barulho, desde que pise no centro dos blocos.

■ **ALÇAPÕES E OBSERVADORES**
Leve alguns como plano B, caso o guarda apareça. Dá para montar uma engenhoca e distraí-lo enquanto você escapa de fininho.

CURIOSIDADE

As cidades antigas são o único lugar onde você encontra fragmentos de eco. Combine-os com uma bússola para criar uma bússola de retomada, que aponta para onde você morreu pela última vez. Assim você recupera todos os itens perdidos!

AGACHE-SE

Agache-se ao explorar. O avanço é mais lento sem o encantamento Esgueirar Veloz, mas assim evita ser detectado pelos sensores.

CONFUNDA O GUARDA

Arremesse bolas de neve para o guarda pensar que você está em outro lugar. Tem mais bolas na estrutura da caixa de gelo (procure blocos de gelo). Elas são ótimas distrações, mas espere pelo menos 5 segundos entre cada arremesso, ou o guarda pode perceber que está sendo enganado.

ACABE COM OS EMISSORES

Remova todos os emissores de sculk. Sem eles, o guarda não pode ser invocado. Chegue sorrateiramente, cerque-os com lã por todos os lados e quebre-os com uma enxada. A lã vai impedi-los de enviar sinais aos emissores próximos.

DISTRAIA O GUARDA

Se você invocar o guarda acidentalmente, atire uma flecha na direção oposta e aproveite para posicionar 2 observadores voltados um para o outro, com alçapões atrás de cada um. Isso criará uma distração barulhenta que atrairá o guarda e permitirá que você fuja de fininho. Desde que não chegue perto demais nem o acerte, ele não te seguirá.

VÁ PARA UM LUGAR SEGURO

Outra forma de escapar é atirar uma flecha para distrair o guarda e, bem rápido, construir um pilar de lã para subir e sair do alcance dele. Após cerca de um minuto, o guarda deve desaparecer e você pode descer a salvo.

NÃO COMPRE BRIGA

Não tente atacar o guarda. Ele tem impressionantes 500 pontos de vida, então derrotá-lo é muito improvável. É melhor distraí-lo e manter distância.

JOGO DOS 10 ERROS

GUERRA NA NEVE

PASSATEMPOS COM ARI

Brrr, está congelando nas planícies nevadas, tomara que tenha levado sua armadura de couro! Olha só, começou uma guerra de bolas de neve! Ainda bem que você tem várias delas sobrando da aventura na cidade antiga para se juntar à brincadeira! Está tudo acontecendo tão rápido que é difícil acompanhar. Consegue encontrar as 10 diferenças abaixo?

1 2 3 4 5 6 7 8 9 10

Confira suas respostas na página 68

RESPOSTAS

21

B	J	E	R	G	Y	X	V	D	X	N	W	M	P	Q
M	S	B	T	R	A	R	N	A	T	A	L	I	E	P
U	G	E	N	H	Y	D	Y	W	Z	C	X	D	O	I
N	Q	E	E	J	N	K	U	N	A	B	A	P	P	C
D	H	G	R	A	N	D	E	P	O	R	C	O	S	K
O	T	N	Y	R	N	E	A	R	G	R	S	R	A	A
S	A	A	N	T	V	L	T	H	M	G	X	T	B	N
U	E	J	C	E	Y	E	K	D	S	D	J	V	P	E
P	R	S	T	B	B	G	L	Y	X	O	B	I	H	R
E	G	S	G	A	R	R	E	T	T	A	G	L	B	
R	R	I	X	L	A	E	W	L	O	L	M	L	U	K
I	P	N	L	H	R	K	A	G	I	W	D	A	A	K
O	J	N	L	D	E	K	L	N	T	S	P	G	K	M
R	B	E	N	M	R	A	F	R	E	P	E	E	R	C
K	V	D	N	S	M	G	A	E	T	L	F	V	B	T
O	S	U	G	N	U	H	C	L	A	R	E	N	E	G

GARRETT
DENNIS
STEVE
HENRY
NATALIE
DAWN
MIDPORT VILLAGE
OVELHA
CREEPER
MUNDO SUPERIOR
PIGLIN
MALGOSHA
GENERAL CHUNGUS
GRANDE PORCO

48

ZUMBI-MÚMIA – C
ATOLADO – E
NÔMADE – F
ESQUELETO – D
H – ARANHA
G – BRISA
A – SLIME
B – ZUMBI

49

A CRIATURA INVOCADA É: O BRISA!

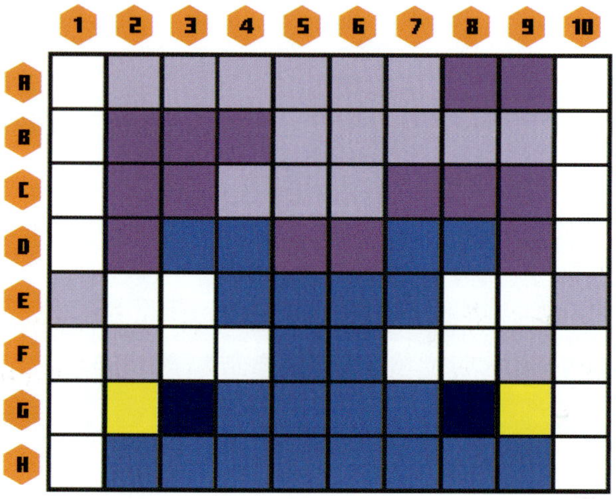

50-51

66-67

ATÉ MAIS!

E assim chegamos ao fim do *Almanaque Minecraft 2026*! Esperamos que você tenha se divertido tanto quanto a gente. Continue construindo, explorando e moldando seus mundos... e a gente se vê no ano que vem!

Lauren Marklund
Mojang Studios

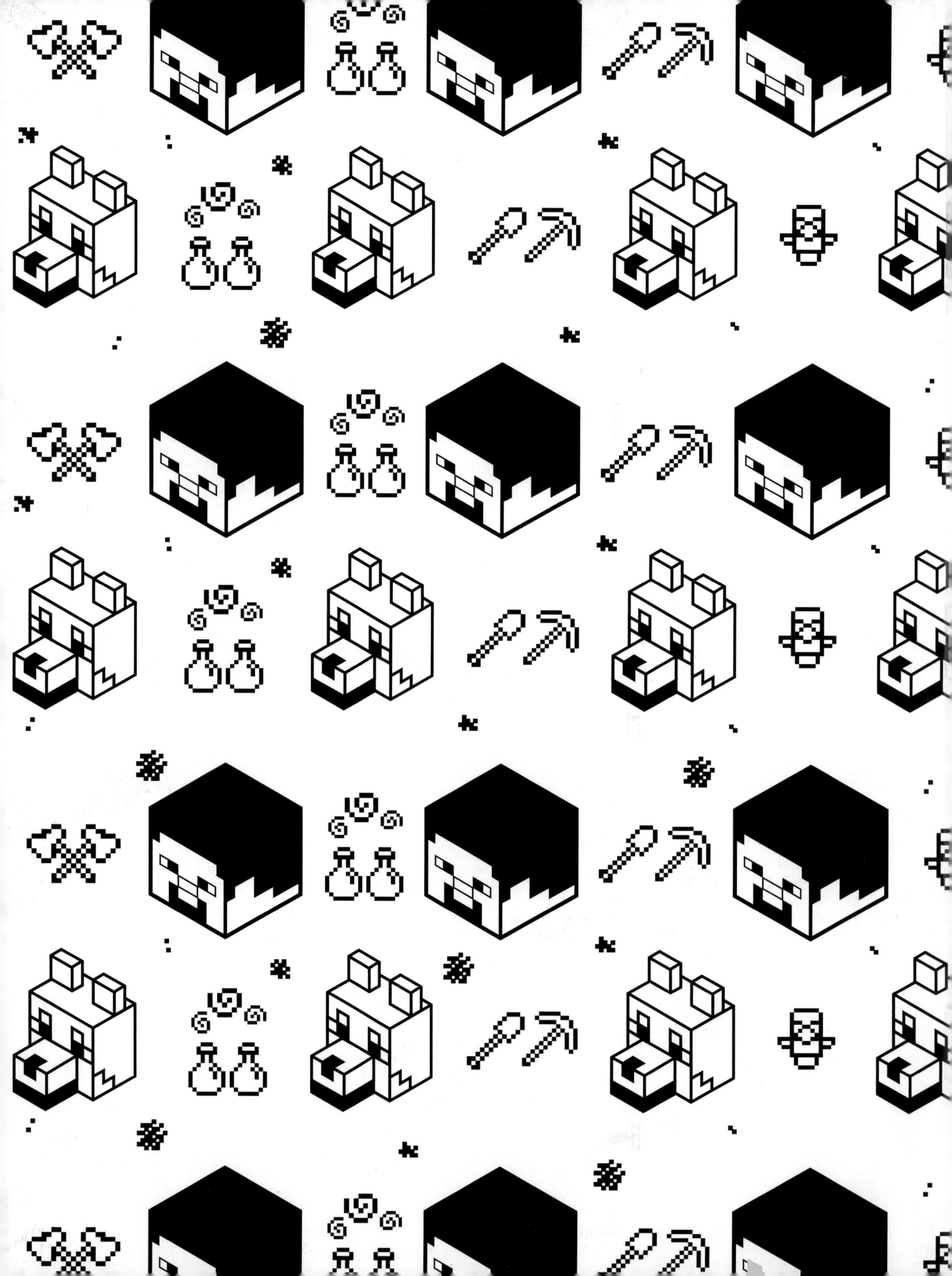